CHINESE ENTREPRENEURS

中国企业家

管理思想形成过程

MANAGEMENT THOUGHT
FORMATION PROCESS

—— 刁惠悦◎著 ——

知识产权出版社
全国百佳图书出版单位
—北京—

图书在版编目（CIP）数据

中国企业家管理思想形成过程／刁惠悦著． —北京：知识产权出版社，2022.7
ISBN 978 - 7 - 5130 - 8197 - 9

Ⅰ.①中…　Ⅱ.①刁…　Ⅲ.①企业管理—经济思想—研究—中国　Ⅳ.①F279.23

中国版本图书馆 CIP 数据核字（2022）第 096675 号

策划编辑：蔡　虹　　　　　　　　责任校对：潘凤越
责任编辑：高　超　　　　　　　　责任印制：孙婷婷
封面设计：臧　磊

中国企业家管理思想形成过程
刁惠悦　著

出版发行：知识产权出版社 有限责任公司　　网　　址：http://www.ipph.cn
社　　址：北京市海淀区气象路 50 号院　　　邮　　编：100081
责编电话：010 - 82000860 转 8324　　　　　责编邮箱：caihongbj@163.com
发行电话：010 - 82000860 转 8101/8102　　发行传真：010 - 82000893/82005070/82000270
印　　刷：北京虎彩文化传播有限公司　　　经　　销：各大网上书店、新华书店及相关专业书店
开　　本：720mm×1000mm　1/16　　　　印　　张：14.25
版　　次：2022 年 7 月第 1 版　　　　　　　印　　次：2022 年 7 月第 1 次印刷
字　　数：205 千字　　　　　　　　　　　　定　　价：68.00 元
ISBN 978 - 7 -5130 -8197 -9

本成果受北京语言大学校级项目资助
（中央高校基本科研业务费专项资金）（21YBB08）

CONTENTS

目 录

CONTENTS

图 目 录

CONTENTS

表 目 录

第1章 概 述

1.1 选题背景

中国改革开放的 40 余年是中国从为世界提供新市场，逐渐发展到为世界提供新产品，为世界提供经济发展新思路，再到为世界贡献新管理思想的过程。中国经济的发展不仅是宏观经济理论在起作用，也和众多企业的成长以及企业家管理思想的创新有着巨大关系。企业家可以被称为是继土地、劳动和资本之后的第四生产要素（顾江霞，王平，2000）。他们不仅可以为自身企业和所在行业做出突出的贡献，还是促进现代经济增长至关重要的一群人，因为正是企业家打破了静态循环的经济世界（罗卫东，2000）。以创新为特征的企业家精神更是经济增长与发展的驱动器（Mas-Tur et al.，2015）。企业以实际行动践行和保障国家经济发展战略的落地，进而产生实际的经济效益。企业家的呼应对经济政策起着推进与推广作用，比如"一带一路"的持久影响力需要众多企业成功地"走出去"进行实践。众多企业需要一同打造中国企业的国家名片，经济政策还需要政府和企业这两个主体共同实施（宋志平，2016）。中国改革开放的胜利成果印证了大量中国企业的成功。

将组织作为开放系统来看（Scott & Davis，2017），企业是环境中的企业，是社会系统中的企业（王利平，2010）。企业管理需要考虑到社会性惯例、道德规范、制度、意义系统等制度环境对企业及其成员的影响（王利平，2010）。文化环境、社会环境、政治环境等要素都会对企业管理的有效性产生影响。中国特色的宏观制度和中国改革开放 40 余年走过的特殊经济道路注定了中国企业所面对的政治、经济、文化和社会环境不同于大量欧美企业，不能完全照抄欧美企业的管理经验、不能单纯走欧美式的管理道路。中国企业后发走过的"弯道超车"道路、众多中国企业的快速成长以及中国企业家的优秀成绩单都表明了中国企业在世界上已经成为不可忽视的一股力量（杨杜等，2018），有了自己成功的管理经验——有别于欧美、适应中国环境的管理经验。中国企业家进行了管理思想创新，形成了具有中国特点的、值得推广到全世界的管理思想。

如果说此前的管理学研究主要将精力放在研习西方管理上是因为西方现代企业诞生得更早，也更早产生了一系列奠基性的现代管理理论，管理学研究发展得相对更加成熟；那么现在已经到了可以研习中国企业家管理思想、梳理中国企业管理经验、推介中国企业管理特点和发展中国企业管理理论的时候。

首先，在企业全球化发展的今天，发掘中国管理特色与追寻欧美管理研究前沿并不相互矛盾，正如国际化企业在各地的管理实践是互通互融的一样。相比之下，研究和推广中国管理经验对推进中国当代企业的发展恐怕更有效果。因为更为相似的背景、基础和环境，对大多数中国当代企业来说，中国企业的成功经验更具学习和借鉴意义，可以被更加容易地、有效地进行适应性调整和应用。

再次，西方管理学逐渐呈现出了自身的局限性（杨必仪，晔枫，2014；张东，王惠临，2010），而中国管理思想的优势正在愈加显现。虽然西方管理学在推动经济发展中起到的作用已经得到验证，但也是现今一系列日益显著矛盾的推手，而中国哲学的融入则在应对这些矛盾方面有其建树。中国传统哲学思想中关于天人关系的认识揭示了处理人与宇宙、人与自然之间关系的方法（张岱年，2015），加以运用可以应对企业发展与生态环境之间的矛盾。在企业管理思想创新上最有代表性的中国企业家之一就是张瑞敏。张瑞敏（2000）早年提出的"真诚到永远"的营销管理思想，与美国当时主流的"make believe"形成了鲜明的对比。一个强调对顾客的真诚，一个强调对顾客的"忽悠"。彼得·圣吉和松下幸之助都是杰出且影响深远的管理思想家，他们的管理思想中都能找到与中国古代哲学智慧的相似或相通之处

（罗仕国，2014）。彼得·圣吉更是师从南怀瑾，对中国儒学传统精神有很深的领悟（圣吉，2018）。

最后，企业的管理也是"时代"的管理。从改革开放以来，中国作为一个独特且有巨大发展机会的市场开始吸引外国商学学者的注意。他们从对中国市场的分析、中国生意经的猜想、如何与中国企业人打交道和在中国市场从事商业行为之注意事项的探索，到 2001 年中国加入世界贸易组织前后几年中迎来了一个小高潮。那时的中国市场被一些外国学者视为具有金子般机会又具有不少风险、不确定性和"谜"一样文化的市场（Lieberthal & Lieberthal，2003；Williamson，2003；Seligman，1999；Blackman，1997；Overman，2001）。在那之后外国研究者对中国市场、中国企业人、中国企业现状与前景和中国企业行为成败的解读也一直没有停止（如，Paine，2010；Frase，2007；Williamson & Raman，2011；Fox，2007）。时至今日，在 2020 年《财富》世界 500 强排行榜中，中国企业已经占有 133 个席位（财富中文网，2020）。中国也已成为世界第二大经济体（张军，2020）。众多中国企业的成长和中国经济在世界经济中的地位，同中国改革开放所取得的成就一样，"用实力说话"，印证了中国已经有了符合时代需求的先进管理经验和现代管理思想。中国学者也没有理由不把握这一巨大成果和研究资源，而将解读中国企业发展的话语权拱手让给西方学者。

已经有一些组织、实践者和学者认识到了研究、梳理与推广中国企业管理思想的重要性，并逐渐付诸了行动，就如李志军和尚增健（2020）所倡导的那样，重视中国故事、中国实践和中国风格。已经进行到第二十七届的"全国企业管理现代化创新成果"审定工作是对中国实践界管理思想创新进行的评选和表彰（全国企业管理现代化创新成果审定委员会，2020）。实践者对自己企业中的管理创新进行了宣传和推广，例如，小米公司的"小米模式"下的工业设计管理和商业模式（雷军，2017）以及徐工集团的"双品牌双渠道"管理（徐州徐工随车起重机有限公司，2017）。一批学者对中国式管理进行了探讨（如，曾仕强，2003；彭贺，苏宗伟，2006；王利平，2010；陈春花，2010；杨杜，2011；Li et al.，2012；Wong & Kong，2017；储小平，2000）。一批学者从多方面对中国企业正在进行的管理创新进行了梳理、研究和探讨。例如，海尔集团的"人单合一"（王大刚等，2006）、华为公司"以奋斗者为本"的文化体系（杨杜等，2015）以及攀钢集团的员工分流安置管理（郑慧，2017）。还有一批研究者对中国企业家独特的管理思想进行了挖掘。例如，《改变世界：中国杰出企业家管理思想精粹》系列项目团队与著名企业家就企业家的管理思想进行了深入对话（苏勇，2016；2020）；Sull和 Wang（2005）通过八个成功的案例故事对中国企业家和中国企业的成功之道进行探究和讲解，并提出中国企业家应对不确定性的成功经验同样有益于西方企业管理者。又例如，田志龙和钟文峰（2019）对任正非沟通之术的研究、刘朔等（2019）对朱江洪战略决策思维特点的研究以及邓伟升和许晖（2020）对闫希军"理性和合"管理思想的研究。

中国企业家的管理思想是中国管理思想的重要组成部分。中国企业家的管理思想是对中国管理思想体系的重要反映，是基于中国企业管理实践的、经过实践检验的思想。企业家的管理思想对管理学研究和管理理论的发展有相当的启迪作用。成功企业家的很多管理思想被证明是切实有效的、考虑企业长足发展的、对现实具有很强指导意义的、具有一定普适性的管理思想。研究成功企业家的管理思想有利于发展具有实践意义的并且有利于指导企业生存的理论。

值得注意的是，现实对中国企业家管理思想研究的需求不仅仅停留在针对某项管理思想的研究上，还在于去寻找形成这些有效管理思想的过程、方法和路径上，并期待由此促生的更多思想。虽然一部分先进企业家已经取得了成就，也贡献了自己的管理思想，但知名企业家仍在呼唤更多的中国企业管理思想，一般企业主与创业者也还在渴求形成个人管理思想的有效方法和先进经验。

改革开放以后，中国工业的发展成为世界的奇迹，但是我们到今天为止，还在学习和模仿西方的管理模式和管理思想，所有商学院的案例都是西方的，没有提出自己的管理思想和管理模式。今天互联网来了……将我们以及全世界所有企业带到同样的起跑线上。（张瑞敏，2017a，p. 10）

企业家管理思想的形成不仅仅贡献于单个企业的发展。新常态下，转变经济发展方式的战略举措、国际形势的应对以及市场竞争的应对都对企业进行管理思想创新提出了需求（张继德，胡月，2016；张娜娜，谢伟，2016）。甚至，除了国内的经济发展形势，中国企业的国际化进程也迫切需要中国企业家管理思想的创造创新。国际化的发展对中国公司在当地的管理理念与管理思想提出了新要求。中国企业走出去，不仅是中国企业向国外推广企业管理方法和组织文化的机遇，也面临着潜在的问题——更多国外研究者会按照他们的标准来评判中国企业在当地的管理方式，并以此推断中国企业的"真实"意图。例如，随着中国开始成为非洲国家最重要的贸易伙伴，中国企业在非洲的管理方式越来越受到重视（Kamoche & Siebers，2015）。中国公司在当地的管理不仅要满足当地的制度环境要求，也需要对管理进行创新和发展以使其更具有情境有效性。不恰当或者不够专业的管理可能会降低中国企业作为肯尼亚经济复苏的助力者这一形象的可信度（Kamoche & Siebers，2015）。这种将管理方式附加上意识形态的判断，对中国企业和中国企业家提出的要求不仅仅是在表层管理方式上的创新，而且是从管理思想层面进行的创新。

与实践界对优秀中国企业家形成自己管理思想的成功之道之渴求形成反差的是鲜见有文献对此进行揭示。现有中国企业家管理思想文献更多着力于对优秀企业家管理思想内容的揭示，而缺乏对其形成机制或过程的探索。如果借一般性或关注其他群体的认识理论来对此需求进行回应，恐怕难以把握其中精髓。第一，实践者所展示出的实践中的认识是一笔独特的宝贵财富（Schön，1983）。第二，不同专业的实践者之认识虽具有相似模式，但其间也具有重要差异：用来描绘现实的工具、语料库和资料库不同，用于问题假设、探究及对话的评价系统不同，用于赋予现象意义的支配性理论不同，以及用来界定自身任务与制度情境的角色框架不同（Schön，1983）。第三，管理思想具有体系性，影响管理效果的往往不是某一个管理方法，而是整套管理体系。任何管理思想的形成都有重要的"历史"因素（Godfery et al.，2016）。如果我们只看到被传递出来的管理方法，而不管该方法背后的时空背景、价值观前提、人性假设和资源基础等，就可能忽略掉该方法成立的条件，导致对该方法的适用性和可行性的误判。更进一步讲，决定长期管理效果的，往往不是一套固定不变的管理体系，而是一种能够产生管理思想的思维模式。如果可以发掘成功企业家产生自己管理思想体系的思维行动过程，就有机会把他们管理思想形成和创新的方法与模式提炼出来，甚至形成理论，以指导更多实践者形成自己的管理思想体系，将成功"复制"出来。

基于以上种种，对中国企业家管理思想进行关于"为什么"会形成这样的管理思想以及"如何"形成有效管理思想的研究是非常有必要且被现实所急需的。换言之，实践界和理论界都需要致力于中国优秀企业家形成自己管理思想之方法论的研究。成功企业家的自传、专著、访谈录、讲话稿的出版和公开以及研究者对于中国企业家管理思想创新的发掘都为本研究对中国企业家管理思想形成过程的挖掘和提炼提供了重要的分析素材和文献基础。再加上在与企业家访谈中所获取的一手资料，使本研究得以从产生源头、到系统化、再到变化与发展，去探索中国优秀企业家管理思想形成的过程。

1.2　研究问题

本研究以中国企业家管理思想的形成过程为研究主题，聚焦优秀的中国企业家是如何形成自己的管理思想的。

根据经典扎根理论的精神，笔者按照 Glaser（1992）的要求，带着研究兴趣进入正式的数据收集和分析中，并在第一个正式访谈及对该数据的开放性编码和校验结束后，产生本研究的初始研究问题，并随着后续对情境的进一步了解和研究的深入逐步形成具体的研究问题。

本研究的初始研究问题是：中国企业家管理思想的来源是什么以及其形成过程如何。

本研究拟回答的具体研究问题有：

（1）中国优秀企业家在形成自己管理思想的过程中经历了哪些阶段；

（2）在各阶段中分别有哪些因素在起作用；

（3）各类因素之间存在怎样的关联。

1.3 核心概念和分析范围的界定

"企业家"（entrepreneur）和"管理思想"（management thought）是本研究中的重要核心概念，对这两个概念的明确是后续研究和分析的基础。本节具体界定在本研究中"企业家"和"管理思想"的意义，以明确分析范围。

1.3.1 企业家

本研究通过对比"企业家"的相似概念和以往研究者和企业家对"企业家"的定义，来圈定它在本研究中的含义和范围。学者和其他研究者常使用的和"企业家"含义接近的概念有"管理实践者""创业者""企业主"和"商人"。在实践界和日常应用中，"一把手""老板""生意人"和"商人"也时常和"企业家"一起出现或者被辨析。使用者往往根据自身的需求来确定是对这些概念进行区分还是混用。比如周阳敏和高友才（2011）在其对固始地区企业家草根式成长的研究，其间就将"商人"与"企业家"进行了混用。而在将"企业家"与相似概念作区别使用的文献和其他应用中，这些常出现的与"企业家"相似的概念主要在三方面与"企业家"有分歧：一是对企业的所有权和控制权，二是对企业影响力的要求，三是对所具有的特质和精神的要求。

企业家定义的角度往往有：企业家精神、企业家素质和能力、企业家个性特征、企业家动力和动机、企业家业务活动和行为、企业家权限等（萨伊，1963；顾江霞，王平，2000；杨万东，2004；赵文红，李垣，2002；Gartner，1988；约瑟夫·熊彼特，1990）。一些领导人、企业家和研究者在讲话或出版物中给出了自己对于企业家的定义，而不同的"企业家"定义则主要在企业所有权和控制权以及企业家精神上具有区别。比如顾江霞和王平（2000）强调企业家对企业的实际领导、恒定的精神内核和经营业绩的持续增长，而加特纳（Gartner，1988）强调企业家对组织的创立和创造而非个人特质。在众多的企业家定义中，具有根基性或有相当影响力的定义往往最重视的就是企业家的创新本质和绩效成就。法国经济学家让－巴蒂斯特·萨伊是早期关注"企业家"这一概念并赋予这一群体重要地位的关键人物（白长虹，2019），萨伊（1963）在他1803年首次出版的著作《政治经济学概论》中提出，当时的英国通过科学方面所取得的成就而获得的巨大财富应归功于善于将知识应用于有益途径的企业家和善于执行手工工作的工人；企业家兼备难以被常人同时拥有的判断力、毅力、常识与专业知识；企业家的工作是用知识实现有用的目的、创造供消费的产品。约瑟夫·熊彼特是企业家精神研究的重要奠基者之一，熊彼特（1990）认为，企业家不仅是指某个公司的拥有者或者创始人，也包括在企业中实现创新职能的经理人、董事会成员等（尽管他们在企业中实施权力需要具有其他条件）。自熊彼特之后，"企业家精神"就与"创新"紧密联系在了一起（Autio et al.，2014）。彼得·德鲁克是后续强调并扩展了企业家精神与创新研究的重要人物之一。他进一步强调企业家精神既非是科学也非是艺术，而是一种实践；它不仅会影响经济还会影响整个社会的价值精神（Drucker，1993）。作为中国杰出企业家代表之一的宁高宁（2020）充分强调了优秀企业家的前瞻性和创新性。习近平总书记通过提出对企业家的五点希望，指出中国优秀企业家的五项标准，包括增强爱国情怀、勇于创新、诚信守法、承担社会责任和拓展国际视野。

　　表1－1对"企业家"和这些相似概念分别从对企业的所有权和控制权、企业影响力和重点特质与精神这三个维度进行了梳理。结合

研究问题来看，本研究关注企业家形成自己经得住实践检验的管理思想的能力和结果，加上研究目的在于探索可以推广的、成功企业家形成自己管理思想的过程，看重企业家的创新特质、在管理上的控制权以及企业家所在企业的经营和管理效果。因此，在本研究中：（1）企业家是企业的"一把手"，具有经营和管理决策权；（2）不是所有的创业者、企业主或企业所有者都是企业"家"，而是只有通过实践检验且历经时间考验的、在业界具有一定影响力的创业者才被称之为"家"。因此，在本研究中，"企业家"被界定为在相对长的一段时间

表 1-1 "企业家"概念和相似概念的界定

概念	对企业的所有权和控制权	企业影响力	重点特质与精神
管理实践者	都不一定有	不限	有真实管理经验
创业者	创业阶段都有，后期都不一定有	不限	拼搏
企业主	都有	影响力小，规模小	—
一把手	有控制权，不一定有所有权	通常具有一定规模	—
生意人	都有	不限	关注钱
商人	都有	有一定成就，具有相当影响力和规模	有道德准则
企业家	能实现组织创新和改造，是企业实际领导人	有社会影响力	有创新精神、追求社会价值创造、有情怀、有决策力和判断力

资料来源：本表由笔者依据习近平总书记、宁高宁（2020）、徐国利（2020）、马云（2019）、李新春（2002）、顾江霞和王平（2000）、德鲁克（Drucker，1993）、熊彼特（1990）和萨伊（1963）所提观点整理制作。

中对所在企业的经营管理具有控制力、具有对管理实践行之有效的管理思想、使其所在企业具有一定社会影响并不断实现创新的企业领导人。

1.3.2 管理思想

另一个需要明确的核心概念是"管理思想"。词典中对"思想"的解释是"客观存在反映在人的意识中经过思维活动而产生的结果"（中国社会科学院语言研究所词典编辑室，2005，p. 1290）。词典中对"thought"的解释翻译出来是"思维行为或思维活动的产出品"（Onions，1978，p. 2291）。管理思想不是相对简单和相对欠梳理的有关生意的想法，不是相对而言更加具体和严谨的学术贡献，也不是管理者关于实践的笼统的个人观点（Child，1968）。为明确"思想"在本研究中的含义，这里先探讨"思想""理论"和"知识"的关系。在已出版的文献中，这三个名词经常一起出现，尤其是在认识文献和理论构建文献中。这三个名词往往在同一条逻辑链条的不同位置上。

对任何学科的学习和理解总要经历从知识到思想的过程（程美东，2014）。具体到管理学研究领域，对管理思想发展的研究离不开对知识及其社会情境和社会影响的研究（Child，1968）。就像雷恩和贝德安（2011，p. 3）对管理思想的定义中所说的，"管理思想就是关于管理活动及其职能、目的、范围的知识体系"。关于思想和理论的关系，理论可以由思想建构而来（邵培仁，姚锦云，2016），可以组成思想学派（Ofori-Dankwa & Julian，2005），又可以循环回知识。一方面，就像希特和史密斯（2016）所提出的，理论为学习和理解学科知识及学科知识中的重要关系打下了基础。另一方面，理论的内容和情境推动了思想学派的发展（Ofori-Dankwa & Julian，2005），并进而推动了更多新知识的产出。图1-1整理、提炼了上述关于"思想""理论"和"知识"三者关系的观点，形成了三者的循环关系图。这三者的关系可以被梳理为：思想是知识体系，理论是经验证和规范严谨化之后的思想，新的知识基于新的认识和理论而产生。

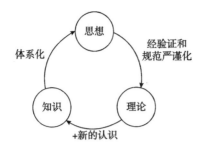

"思想""理论"和"知识"的循环关系

资料来源：本图由笔者依据程美东（2014）、Child（1968）、雷恩和贝德安（2011）、邵培仁和姚锦云（2016）、Ofori-Dankwa 和 Julian（2005）、希特和史密斯（2016）所提观点整理、提炼所绘。

管理思想除了被描述为一种知识体系外，也被学者用其他方式描述。例如，管理思想是高度概括管理理论和实践后的精神产物，是对各种管理对象看法的总和（葛谦，1989）；管理思想是人通过管理活动累积管理实践并在实践中对管理活动进行思考进而"形成的观点、想法和见解的总称"（吴照云，李晶，2012，p. 187）；管理思想是一种实际存在的知识主体（李光，2005）。虽然这些描述都从不同的角度给出了管理思想的性质和特点，但是将管理思想和知识做关联并揭示管理思想的组成单元且符合认识的基本规律，是本研究对管理思想形成过程进行探索的重心。

本研究对"管理思想"的界定是基于雷恩和贝德安（2011）对管理思想的定义。也就是说，在本研究中，管理思想不是管理活动操作指引，不是管理实践，不是管理行为，而是关于管理的知识体系。其展现形式可以是文字的、图表的，也可以是话语的。其内容可以涵盖：管理的基本假设、管理的效力逻辑、管理的要素和内容、管理的功能及管理要素的优先级等任何关于管理的系统性思考。

1.3.3 本研究分析范围

综上所述，本研究中的"企业家管理思想"是指：由在相对较长的一段时间中对所在企业的经营管理具有控制力、具有对管理实践行之有效的知识体系、使其所在企业具有一定社会影响并不断实现创新的企业领导人所提出的关于管理的知识体系。本研究的目的在于形成有效理论并推广先进经验，因此将分析范围锁定在优秀企业家所提出的经过实践验证的管理思想，即由引领企业走过风风雨雨的企业领导者所提出的已经使用过一段时间的行之有效的管理知识体系。

1.4 选题意义

1.4.1 理论意义

本研究的理论意义主要有以下三点。

第一，丰富管理认知研究，探索企业家形成自己管理思想的过程和机制。不少研究者关注学者和研究者进行管理思想创新与管理理论构建的方法、模式与路径（Ashkanasy，2013；Suddaby，2014；Byron & Thatcher，2016；徐淑英等，2016；史密斯，希特，2016）。但同样值得注意的是，很多经典的和卓有成效的企业管理思想及理论都是由企业管理实践者及企业家所提出的。从早期西方的弗雷德里克·温斯洛·泰勒和亨利·法约尔，再到 20 世纪和 21 世纪影响、启迪和激励了几代人的稻盛和夫、杰克·韦尔奇、史蒂夫·乔布斯、菲尔·奈特和彼得·彼得森，都在管理思想上做出了影响深远的创新，对管理思想的发展做出了巨大的贡献（Welch & Byrne，2001；雷恩，贝德安，2011；Isaacson，2011；稻盛和夫，2016，2020；Knight，2016；彼得森，2018；Welch & Welch，2005）。然而相对于企业家对管理思想和管理理论发展的贡献，企业家形成自己管理思想的过程、方法与路径却并未得到足够的关注与探索。本研究关注中国企业家管理思想的形成过程，通过对中国企业家形成自己管理思想的源头、方法、契机、路径与过程的探索，扩展现有的管理认知。

第二，丰富中国式管理研究，助力挖掘当代中国企业管理特色。在中国改革开放的 40 余年中，中国企业与国外企业（主要是欧美企业）面对相同的世界经济发展轨迹，却经历了不同的本土环境和国家经济地位的变化；面对越来越多的共同市场，却经历了不同的平均发展速度。透过学者的研究和媒体的报道，我们已经感受到中国当代优秀企业家具有"地地道道"的当代中国风格。这些企业家正在不断地进行具有各自风格和文化及时代特征的管理思想创新。研究者已经发现当代中国企业管理思想不仅源于中国传统文化，也受到世界管理前沿理论与思想的影响（储小平，2000；邓伟升，许晖，2020）。所以，仅仅从中国传统文化入手分析与总结中国式管理特征已经不足以反应当代中国企业管理的成功规律。同时，当代中国企业管理思想又不是西方经典管理理论与中国传统文化的简单相加（何金露，王利平，2019），但是研究者对于中外元素具体结合方式的讨论还不充分。本研究注重挖掘中国当代企业家管理思想的源泉，力图重构其形成过程。本研究从寻找影响中国企业家管理思想的本土因素和外国管理理论与经验，到探索中外要素的融通之处和各自被利用的方式，即找到这两者的使用边界，梳理对企业家的管理思想影响较大的中国传统的与时代的因素，提炼当代中国企业家管理思想中的一些典型的文化基因和中国特色，探索中国企业家所受到的独特影响，探寻中国企业家的独特之处。

第三，扩展中国企业家管理思想研究。不同于大多数中国企业家管理思想研究的针对思想内容的研究，本研究是一项追本溯源的研究，考察思想诞生的过程和机制，去追寻企业家为何会有如此的管理思想以及这种管理思想经由怎样的过程而产生，尝试打开中国优秀企业家产生管理行为之前的思维过程。

1.4.2 实践意义

本研究的实践意义主要有以下四点。

第一，推广优秀当代中国企业家形成自己管理思想的有效经验，将企业家做出的"成绩"进一步宣传，增强包括实践者、研究者和学习者在内的中国企业管理人的理论自信。一批成功的中国企业家已经用企业的实际绩效展示出了其管理上的先进性。本研究对企业家已经形成的行之有效的管理思想及其形成过程进行探索和展示，以期为中国企业家和中国企业的影响力添砖加瓦，也有利于彰显中国企业家已经以有效方式形成的适应时代和企业发展需要的管理思想。本研究将助力当代中国企业家有效管理思想形成方式的推广，以期有助于令更多中国企业管理人意识到中国企业家管理思想的创新源泉并有助于令更多人增强对中国企业管理实践的信心。

第二，推广企业家形成有效管理思想的路径和方式，帮助更多实践者形成自己的管理思想体系，从而为想要学习或改进自身管理的管理实践者或未来企业家提供有效的帮助。本研究可以助力他们分析"我到底从哪儿更能获得切实可用的智慧"；当管理实践者和未来企业家意识到中国优秀企业家的成功经验可以为其带来灵感、指引以及"我所赖以生存的丰厚土壤更能直接给我营养"之后，本研究对于中国企业家管理思想形成过程的探索还可以为他们在管理活动中清晰化其思维重点提供思路，即助力他们厘清"在哪些阶段或遇到哪些信号，应该做哪些积累或做怎样的思考"。

第三，通过形成过程研究，追本溯源地解读中国优秀企业家管理思想的科学性、合理性及系统性。本研究剖析中国优秀企业家管理思想的形成过程，以期让更多对中国企业家和中国企业感到好奇的人，尤其是处于不同文化环境中的人，了解中国企业家思想的前因后果，帮助他们更恰当地解读中国企业和中国企业家的成功，并期望由此规避一些受恶意误导而产生的无端猜测和误解。

第四，揭秘企业家在形成管理思想过程中的思维方式和关注点，助力管理者和学者与企业家打好配合。对于管理者来说，本研究通过对中国优秀企业家形成自己管理思想的方法与过程的揭示，一定程度上对企业家在管理上所看重的要点和惯用的思维方式予以揭秘，可以助力管理者更好地理解自己领导的要求与意图，与领导形成更好的配合。通过研究企业家如何思考和形成自己的管理思想，本研究为有兴趣的研究者和学者展示实践界的企业家进行思想创造的方式方法，也在一定程度上揭示企业家对学界的需求点。感兴趣的研究者和学者可以借此引发灵感从自己习惯的思维模式中跳脱出来以看到更多理论突破和使实践得到更好支持的方式和机会：尝试用另一种结构，去梳理自己所掌握的理论知识以寻找"跨界"的灵感；或者在对企业家的思维和关注点有更好理解的基础上去呼应企业家的需求，并充分发挥自己的比较优势，以互补的方式合力推动管理思想理论与实践的共同发展。

1.5 研究方法

本研究主要依托扎根理论研究方法，同时，还运用了访谈法和文本分析法等方法。

（1）扎根理论。扎根理论作为一种方法论，从研究兴趣的产生、研究主题和研究问题的确定、研究样本的选择、数据的收集、数据的编码和分析直到理论模型的构建，全过程指导着本研究。扎根理论被认为是非常适合进行理论构建和本土化研究的方法论（贾旭东等，2018；贾旭东，衡量，2016），也符合本研究的研究主题、研究问题和研究目的。另外，扎根理论对以中国企业家管理思想为主题的本研究来说，还具有独特的优势。它是构建理论的有效方法论，且适用于尚无定论或成熟理论角度的研究问题（Glaser，1978）。扎根理论强调理论性抽样、数据收集和数据分析交叉进行、随时撰写备忘录和不断比较（Qureshi & Ünlü，2020；Rieger，2019）。由此，扎根理论研究并非等到全部数据收集完成之后才进行数据分析，而是随着每一次数据收集进行数据分析，并由此指导下一步数据收集（Conlon et al.，2020）。这些都是理论构建的有利因素，使研究者可以及时从数据中得到反馈，可以依据所调查到的真实情况逐步明晰具体研究问题，还可以充分利用每一次数据收集机会进行更有效的数据收集。此外，扎根理论研究还可以综合分析由多途径收集到的一手数据和文献资料（Glaser，2001）。运用经典扎根理论方法，本研究可以将包括访谈转录文本、访谈过程中的人物状态、访谈笔记以及企业家的原始文本等在内的多种素材视作研究数据。这对于需要探索思维行动的研究来说是非常重要的。因为人物的思维很多时候不会通过外化的行为来体现，也不能通过他人的描述被准确掌握，所以此类研究需要尽可能地将所有由本人直接表述、表现出来的内容用于分析。

（2）访谈法。访谈法作为质性研究的重要工具，可以有针对性地为研究提供一手数据（Saunders et al.，2009；陈向明，2000）。本研究采用半结构化访谈对理论抽样后的企业家进行面对面访谈或通过"腾讯会议"软件进行视频访谈。在 1 个预调研阶段访谈和对研究对象 A1 至 A14 的共计 15 个访谈中，本研究采用的是面对面访谈的方法。而 2020 年以后进行的对 A15 至 A24 的访谈，在考虑新冠肺炎疫情防控的基础上，以线上视频方式进行。受访企业家 A15 至 A24 在办公室或家中接受了线上访谈。让受访企业家在日常办公地点或家中接受访谈的好处在于可以让他们在日常熟悉的环境中轻松地进行对话，也更有利于他们回溯创业和管理的过程。半结构化访谈被多位扎根理论研究者应用于其研究之中，为扎根理论研究提供了良好的数据支持（如，Donald et al.，2020；Thompson et al.，2019；Rieger et al.，2020；王进富等，2020）。它可以在保证访谈过程不偏离研究主题的情况下，灵活机动地与受访者进行更有针对性的交流，可以随时根据所谈内容进行深化（Saunders et al.，2009；Zhang et al.，2019）。其中所包含的开放性问题可以给受访者自由发挥的空间来讲述相关的故事（Božič et al.，2020）。

（3）文本分析法。文本分析法被应用于本研究的开放性编码和选择性编码过程中，对文本和文外因素进行全面分析。文本包含用于沟通的各种交际符号，不仅包含语言成分，也不仅包含书面交流中的文字和插图，还包括面对面交流中伴随的非语言形式（诺德，2013）。文本分析法的精神强调既要知道文内信息，也要知道是什么样的情境促发了这一信息，还要知道文本所要实现的功能（王明珂，2016；诺德，2013）。本研究需要从文本中挖掘企业家在形成管理思想时的心路历程，需要甄别文本中企业家所表达的有效信息，还需要在分析过程中对不断涌现的数据进行不断比较。

1.6 本书结构

本书共分为八个部分。图 1-2 展示了本书的架构和章节安排。

第 1 章为概述。该章依次阐述了选题背景、研究问题、本研究中的核心概念和分析范围、选题的理论意义和实践意义、研究方法以及本书结构。

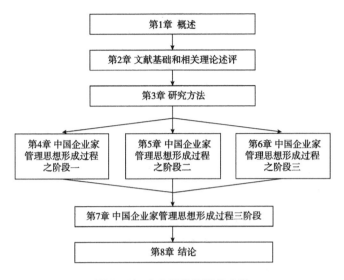

图1-2 本书架构和章节安排

第2章为文献基础和相关理论述评。该章首先依次对有助于揭示管理思想内容的研究、关于个体管理思想形成影响因素的研究、揭示中国企业家特点的研究、关于改革开放以来中国企业家成长的研究和关于改革开放以来中国企业家管理思想的研究进行综述；随后，对知识理论研究从知识和知识的种类以及知识的创造和获取两个方面进行综述；最后，对现有文献和理论对本研究的启示和对本研究主题解释力的不足进行讨论，并再次明确中国企业家管理思想形成过程研究的重要性。

第3章为研究方法。该章首先介绍方法的选择，对不同的研究范式进行比较，阐述本研究对经典扎根理论的选择，随后依次汇报研究样本、数据收集和数据分析过程和方法以及研究信度和效度的保障，最后对全章进行小结。

第4章至第6章依次分三个部分对本研究基于访谈和企业家文本的数据分析结果进行了详细汇报，即结合例证与编码展示了中国企业家管理思想形成的三段过程及其详细构成。这三段过程分别是：中国企业家部分管理思想产生过程、中国企业家管理思想系统性衍生过程以及中国企业家管理思想变化过程。

第 7 章是中国企业家管理思想形成过程三阶段。该章首先对第 4 章至第 6 章中展示的三段过程之间的关系进行梳理，对中国企业家管理思想的形成过程进行全景勾勒，提出中国企业家管理思想形成过程模型；其次，阐述这三阶段的内涵及中国企业家管理思想和管理思想体系的动态发展过程；再次，依据所提模型和相关文献从企业家和学者、企业家和一般管理者以及中国企业家、外国企业家的比较点对中国企业家在管理思想形成过程上的特点和与其他群体的共同之处进行讨论；最后是全章小结。

第 8 章为结论。该章首先总结研究结论，然后对本研究的理论贡献和实践价值进行阐述，最后说明本研究的局限性并对未来研究进行展望。

第 2 章 文献基础和相关理论述评

按照经典扎根理论的观点，扎根理论研究对于同一实质领域内文献的回顾一般发生在研究接近完成时，用于与数据分析结果的不断比对以贡献于理论模型的进一步发展，但是在学位论文和申请基金等特殊情况中，文献回顾也可以在研究前进行（Glaser，1998）。而且，扎根理论主张研究者不事先做出研究假设，但并不是不进行文献研究（Suddaby，2006）。不在研究开始前进行文献回顾和储备相关知识可能会影响研究质量（Suddaby，2006）。对文献进行梳理的过程也是由研究主题到产生扎根理论初始研究问题之间的重要步骤（贾旭东，衡量，2016）。"扎根精神"并未反对依靠文献回顾找准文献空当或文献中的矛盾，不排斥储备更加宏观的理论和知识，也不排斥在文献回顾中将文献与现实进行比较（贾旭东，谭新辉，2010；贾旭东，2011；贾旭东，衡量，2016）。

所以，本章从管理思想研究、中国企业家研究和知识理论研究三个方面，对与研究主题相关的文献进行梳理，并对有可能为企业家管理思想的形成提供解释的理论进行分析，以确认本研究的必要性和为数据分析中的不断比较储备相关知识和研究基础。最后对现有文献与理论对研究主题的覆盖度和解释力进行述评。

2.1 管理思想研究

要研究管理思想形成过程，首先需要识别出管理思想。为研究中国企业家管理思想形成过程做准备，本节第一小节对文献中揭示的管理思想内容进行梳理，第二小节对有关个体管理思想形成影响因素的研究进行回顾和梳理。

2.1.1 现有文献对管理思想内容的揭示

思想史是一种特殊的历史，是由时代中的一个个杰出知识精英的见解和思想所构成的历史（王明珂，2016）。正如 Child（1968）通过对英国管理思想史的研究提出管理思想架构中包含假设、价值观、科学性的和非理性化的概念以及关于管理技术的和关于合法性的管理思想一样，从管理思想史研究的视角入手可以揭示管理思想的重要内容。

现有中国管理思想史研究和对中国管理思想史中重要思想的研究有以下发现。孔子是儒家思想的奠基人，其思想中强调的性相似论、仁德与"爱人"、忠恕之道等思想涉及人性、人性塑造、家族的人、社会的人、人才培育等内容（童书业，1960；孙聚友，2003）。孟子的管理思想体现着对系统和系统内和谐的强调、对管理对象的尊重、对人主观能动性的调动以及对自然规律的顺应和利用，还包含对人性的判断、对人与自然关系的解读和对系统的认识（徐希燕，2004）。墨子的管理哲学蕴含着组织管理思想、关于人性假设的思想、人才观思想、关于领导与下属间关系的思想、对人与组织以及个体与整体之间关系的把握以及关于个人价值的思想（朱叶楠，2017）。荀子的管理思想不仅展现了组织管理的差序原则、管理伦理和用人之道，更为人们解析了差序逻辑背后人的自然欲望和分类（陈光连，杨琴，2019）。道家老子的管理思想不仅传递了"道法自然"的核心理念和柔性管理的方法论，更彰显了性本善的人性假设（郭江滨，吴新颖，2019）。《史记》中的管理思想不仅涉及管理者视角下的选人、用人和留人之道，也包含个体进行自我管理和职业生涯管理从而实现自我价值的思想（师帅，2019）。《孙子兵法》贡献给世界的不仅是军事管理思想还有企业管理思想，而且它被认为是目前可辨认的链接军事世界和企业世界的起点，甚至被一些人视作是战略管理的巅峰之作（克雷纳，2003）。毛泽东思想中的团队管理思想揭示着建立一支有凝聚力、有核心竞争力、有活力和有愿景的强大团队的有效理论、原则和方法（冯大力，2014）。"群众路线"不仅包括一整套系统的管理目的、管理原则和具体方法，还继承和超越了传统儒家精神，揭示了对管理者与被管理者之间的关系以及对人性、对人性的可塑性、对人性中隐藏的或待开发的崇高性的认识（巩见刚等，2019；尹胜，2020）。

现有西方管理思想史研究和对西方管理思想史中重要思想的研究有以下发现。由科学管理之父弗雷德里克·温斯洛·泰勒及其门徒所提出的科学管理思想中不仅包括了纲领性的管理原则和具体的管理方法，还展现了有效管理的发生逻辑以及对人性和人力资源的态度（克雷纳，2003；杨必仪，晔枫，2014）。作为现代管理之父和管理过程学派之父，亨利·法约尔的管理思想中包括了管理要素和管理原则也揭示了由公平和工作安全感建立团队和谐的精神（雷恩，贝德安，2011；Marriner，1979）。他的一般管理理论还展示了界定管理理论的方法，说明了管理理论不仅是有关管理的理论，还应是得到普遍承认和经过实践证明的理论（舒尔茨，2002）。组织理论之父马克思·韦伯的官僚制度思想包含了对组织方式、组织方式的本质和使管理发生效力的权力的理解（方振邦，徐东华，2014）。切斯特·巴纳德的管理思想中提出了"正式组织"的概念，明确了其结构、其中包含的要素和要素所对应的经理人职能，并且对两组概念——"效率"和"效力"以及"正式组织"和"非正式组织"进行了区分，还强调了组织可以被视为协作的社会系统并提出了这种系统的一系列特征（雷恩，贝德安，2011；杨必仪，晔枫，2014）。道格拉斯·麦格雷戈不仅提出当时一批管理者对人性假设的理解和自己对人性的另一种假设，也揭示了管理者的人性假设与其领导风格之间的联系（雷恩，贝德安，2011）。彼得·德鲁克的管理思想不仅揭示了管理责任的五大基础和目标管理思想，还强调了企业家的创新和管理者的教育作用（克雷纳，2003）。彼得·圣吉的管理思想包含管理哲学、管理方法和管理创新的内容，其中管理哲学又包含对管理目标和管理的价值取向等内容的思考（罗仕国，2014）。随着西方管理思想史逐步从科学管理前时代、科学管理时代、社会人时代走向现代管理时代，管理研究对人、工作和组织实质的认识在不断变化、丰富和多样化，一直在寻求有关管理、人和组织的更准确理解，寻求对绩效的改善和对组织与其相关者和相关环境的更好平衡（雷恩，贝德安，2011）。

这些中外管理思想史研究和对中外管理思想史中著名管理思想的研究揭示出，管理思想的内容可以涵盖对人、工作和组织的理解和假设，有效管理的发生逻辑，管理中的权力和效力逻辑，管理的基本精神，管理的目标，纲领性的管理要素和管理原则，具体的管理方法以及组织的本质和形式等。

除了管理思想史中影响深远的杰出管理思想，现当代的管理思想丛林也揭示了一些管理思想的内容。研究者按照不同的方法对管理思想进行了分类。按照具体管理活动类目，管理思想可以被划分为战略管理思想、人力资源管理思想和财务管理思想等（杨必仪，晔枫，2014；常桦，2004；欧绍华，2013）。迈克尔·波特所提出的五力模型、三大战略和价值链理论等都是其在竞争与战略领域最著名的管理思想贡献（杨必仪，晔枫，2014）。再向下进行更为细致的划分，还有更具针对性的管理思想。例如，在战略管理思想中，可以包含关于战略概念、组织与战略关系、环境与战略关系、战略分析、战略选择和评价以及战略实施和控制的思想（倪义芳，吴晓波，2001；欧绍华，2013）。除此之外，管理思想还有其他划分方式。按照管理对象的层级，管理思想也可以分为对基层员工的管理思想、对中层干部的管理思想和对高层管理者的管理思想（顾文涛等，2008；杨志勇等，2018）。从更宏观的层次看，管理思想又可以按照不同的应用领域分为行政管理思想、经济管理思想、军事战略管理思想和文化管理思想等（吴照云，李晶，2012）。

2.1.2 个体管理思想形成影响因素研究

对于影响个体管理思想形成的因素，现有文献从不同的角度进行了揭示。一些研究者发现个体管理思想的形成受到外部思想和环境的影响，个体所处的外部环境或情境会对周遭事物、行为和现象之间的关系造成影响，也会对个体从周遭事物或现象中所获得的刺激造成影响（Johns，2006）。葛谦（1989）提出民族的传统文化环境、生产力发展的经济环境以及政治和经济制度的社会环境都会对管理思想的形成产生影响：个体管理思想中的民族文化特征，就像是文化环境在管理思想中打下的烙印——文化传统越长远，这种烙印就越深刻；生产力的发展会带来管理对象序列的改变，曾经适用的管理思想和此刻的现实脱节，管理思想的更新换代随即出现；政治和经济制度影响管理者与被管理者之间的地位和关系以及组织的性质与目的，进而影响其他方面的管理思想。李光（2005）提出人们对工作的性质、人的本性和组织职能的看法所发生的改变，也会带来管理思想的改变与创新。

一些研究者认识到，管理思想在其形成过程中也有对其他思想的继承和在其他思想之上的创新。这就如同审视当今企业家的重要角度有国家历史视角和前辈企业家视角一样（Hisrich & Grachev，1993）。陈仁祥和谢若锋（1992）提出一些近现代和当代中国企业家和学者的管理思想就包含对中国古代管理思想的继承、加工和转化。欧绍华（2013）发现中国近代企业家战略管理思想中呈现的"重谋略"特点，就源自传统文化或者说中国古代管理思想中所鼓励的"谋定而后动"。Chan（1997）发现海外华人企业家管理思想中仍然体现着对"面子"、信任和家庭网络的重视。Joullié（2016）提出，对于西方管理者和管理学者来说，无论他们的管理思想来自于教育系统还是实践，都受到了至少以下一种西方哲学的影响：英雄主义、理性主义、实证主义、浪漫主义、存在主义和后现代主义。研究者所发现的这些社会哲学要件以及古代管理思想的现代应用都彰显着过往思想对后世管理思想的引领作用。

将管理思想研究聚焦到企业家这一特定群体上，研究发现：企业家的管理思想在长期的实践中形成（欧绍华，2013），受到市场经济环境（Sull & Wang，2005）、社会价值观（苏宗伟等，2013）、区域内人群的一般性格特点（Obschonka et al.，2019）、个人因素（李丙军，冉伦，2016；刘刚，程熙镕，2015；刘朔等，2019；Ekinci et al.，2020）、制度因素以及社会规制规范（Yu et al.，2013）等因素的影响。

部分研究者提出了贡献给同一群体的企业家一些管理思想共性的因素。杨斌在接受秦晨晓访问时提出大阪商人性格普遍海派，其管理思想中也就往往透露着更加乐于冒险的特征；德川家康深受儒教、佛教思想影响所以性格偏内敛，与德川家康同时代的东京（江户）一带的商人，因受其影响则普遍更重商道与商德（秦晨晓，2013）。邓伟升和许晖（2020）发现行业传统文化精神也影响着企业家的管理思想，例如，闫希军的管理思想中展露着中医药传承下的和合精神。

现有文献不仅发现一些群体特征会赋予特定群体内企业家管理思想的共性，也发现另一些因素造就了企业家管理思想中的个性。企业家个人因素中的性格特点、个人特质、个人品位和偏好、家庭环境和成长经历以及非企业经历等因素造就了企业家和企业家颇具个人特色的管理思想（李燕莲等，2016；李丙军，冉伦，2016；刘刚，程熙镕，2015；刘朔等，2019；López-Núñez et al.，2020；Ekinci et al.，2020）。李丙军和冉伦（2016，p. 101）发现宗庆后强势开明的性格促成了他刚柔并济的管理思想，这种刚柔并济的管理思想体现在他"大权独揽，小权分散的民主集中制"管理方式以及调动员工积极性的共赢管理方式上。刘刚和程熙镕（2015，p. 110）发现任正非军人的"铁腕"作风体现在他的管理思想甚至管理过程的用词上，例如，华为公司对"农村包围城市"和"压强原则"的活用和任正非"把华为送上海外战场去磨炼"的战略管理思想。刘朔等（2019）发现朱江洪的管理思想中所展现的对价值承诺的关注与其青少年时期的经历有很大关系，也与其青年时期所确定的核心价值理念具有相当的一致性。李燕莲等（2016）发现马化腾的低调谨慎、单纯专注、民主温和及其对极致体验的追求对其战略管理思想和内部管理思想具有重要影响。

2.2　中国企业家研究

本研究聚焦于中国当代企业家的管理思想形成过程。本节首先对文献中揭示的中国企业家的特点进行梳理，然后对改革开放以来的中国企业家成长研究和管理思想研究进行综述。

2.2.1　现有文献对中国企业家特点的揭示

企业家群体在世界范围内具有很多共同的、区别于非企业家群体的特点和特质（Holt，1997；Mitchell et al.，2002）。Mitchell 等（2002）发现风险诊断能力、机会的识别和资源的获取可以将企业家群体与商业领域中的非企业家群体明显区分出来。Mitchell 等（2002）在其对 11 个国家的企业家的调查中发现了跨越国界的、普遍存在的企业家精神文化的存在，也发现虽然不同国家的企业家在一些认知维度上表现不同，但在情境知识、风险诊断能力和机会的识别上的表现却是相似的。企业家与一般管理者的区别则表现在价值观中的独立性、对制度环境的感知、承担风险的意愿和创新意愿上（Holt，1997；Tan，2001）。具体到中国情境中，Holt（1997）提出中国的企业家们虽然处于偏集体主义的社会价值观中，但相较于中国的非企业家，他们仍然具有和世界上其他地区的企业家一样的注重成就、独立、自我决定和自由选择的特征。Djankov 等（2006）发现对风险的态度和对工作与休闲的偏好是区分中国企业家和非企业家的重要特征。

中国丰富且历史悠久的传统文化和哲学精神以及极具特色的经济、社会和制度环境也造就了中国企业家在思维和行为上有一些与以欧美企业家为代表的西方企业家的不同之处（Yu et al.，2013；Yang & Li，2008；Holt，1997；姚凯，李宏，2008）。这些特点具体体现在历史特征、信仰、价值观、企业观、企业家精神、管理理念、人际关系、社交偏好、企业家网络、创业行为和与环境的互动等方面（Zhao & Parry，2012；Holt，1997；Djankov et al.，2006；Batjargal，2008；孙黎等，2019）。

在历史特征方面，孙黎等（2019）提出中国古代企业家精神的体现可以追溯到《史记·货殖列传》中白圭"人弃我取，人取我与"式对市场机会和资源的把握，以及范蠡的聚财之道和乐善好施。在历史长河中，中国企业家与西方企业家一样也经历了社会地位由底层逐步上升的过程：受古代中国"重农抑商"的影响，直至明末企业家的社会地位才开始有明显上升；企业家的自我价值意识也有所提高（孙黎等，2019）。但是与西方强调训练、支配和驾驭的管理观念不同，中国古代管理观念尤其看重对人的管理，能够融合系统内外以及综合考虑主观与客观，追求整体和谐的价值目标，把管理对象看作一个整体，并且强调管理中的整体观和对管理对象各部分关系的理顺（周可真，2005；顾文涛等，2008）。到了近代，中国的企业家开始学习西方、大胆创新和兴办实业；同期西方的企业家开始重视声誉并且正在推动产业革命（孙黎等，2019）。近代中国企业家在继承中国传统管理思想的基础上继续发展和创新，不仅强调分析的系统性和全面性、谋定而后动以及权变，还重视企业间联合、财务管理、员工福利和全员全面训练（欧绍华，2013）。

在信仰、价值观与企业观方面，辛杰和李波（2018）提出，企业家的信仰对企业家事业和人生的深层价值观及终极追求有着至关重要的影响，将中国企业家的信仰从对上苍和主宰力量的敬畏之心、信仰上开放和自由的心态以及对利他和超越个人利益的追求三方面进行考察，可以发现中国当前有五类企业家的存在，分别以利他超越、开放践行、信仰缺失、神灵体验和包容敬畏为特点。贾永轩（2005）提出，成功的中国企业家往往有家国情怀，有大格局的企业观，强调企业"立乎其大"、为国为民。

就企业家精神来说，中国当代企业家在市场竞争的环境中以务实的精神应对制度环境的变迁、富有创新精神且善于总结；西方当代企业家则既追求个人主义价值又重视服务社区，而且寻求商业模式的创新、对社会变革的推动和对自我的挑战（孙黎等，2019）。创新精神是企业家精神的重要组成部分。常建坤（2006）发现虽然从风险偏好、机遇识别和动态创新的角度来看，中国传统文化与西方文化相比略不利于企业家创新精神的形成，但是从企业家网络的角度来看，更加有益于企业家创新精神的形成。

在管理理念方面，中国当代企业家既看重人治，也看重法治，"报时"和"造钟"都不放松（贾永轩，2005）。他们往往讲求自己做人与做企业在某种程度上的一致性，也讲求对人格境界的追求（顾文涛等，2008）。

在人际关系、社交偏好与企业家网络方面，Batjargal（2008）提出，中国人的思维相较于俄罗斯人更倾向于具体化而非抽象化，注重和谐与平衡，不偏爱不确定性并且更信任他人；与俄罗斯企业家相比，受到中国人较小型亲密关系网的影响，中国企业家的关系网络往往比较稳定、比较紧密、具有较少的结构洞、具有非正式规则且具有较高的互信水平。Holt（1997）发现中国企业家相较于美国企业家更看重家庭安全，更反感显富和炫耀成就。贾永轩（2005）提出，中国企业家在人际交往和聚拢人才上，讲求"利聚"与"义聚"，也就是既注重以合理利益分配和物质激励凝聚人，也强调通过事业、精神和理念的感召力凝聚人。

在创业行为和与环境的互动方面，Djankov 等（2006）发现社会环境对中国企业家创业决策起着很重要的作用，中国企业家的家族成员或儿时朋友中往往也有企业家。Zhao 和 Parry（2012）发现，对先锋领导优势和成本优势的感知，作为会影响西方企业家尤其是美国企业家对挺进新市场决策的要素，并不会显著影响中国企业家的相关决策。Yu 等（2013）发现，中国乡村企业家倾向于首先向朋友寻求关于建立新企业的建议和信息，向家庭成员或亲戚寻求财务或劳工方面的帮助；倾向于自己独立或者与亲近的家庭成员一起进行创新；倾向于通过模仿大型上市公司、与这些公司建立联盟或者从有影响力的组织或人那里获得许可来建立合法性；倾向于使用"关系"策略来应对制度环境中的限制。

2.2.2 改革开放以来的中国企业家成长研究

中国企业家精神古来有之，但未曾出现过比改革开放以来更大规模的企业家群体和创业者群体（张玉利，谢巍，2018）。改革开放以来，中国企业家队伍不断发展壮大，经历了从稚嫩到成熟的不断成长的过程（邓荣霖，2006；Yang & Li，2008）。企业家的成长从个体来说可以体现为企业家精神发挥程度的增强、企业家职业化程度的加深、认识的深化和能力素质的提高等人力资本的增长，从群体来说可以体现为创业的增多、创新的增长以及规模以上企业数量的增加（杨万东，2004；段德忠等，2018；郭燕青，王洋，2019；陈怡安，赵雪苹，2019；侯锡林，2004）。

影响企业和企业家成长的因素往往有地理的、经济和社会的、心理的、政治的等因素（Hisrich & Grachev，1993；段德忠等，2018）。影响中国企业家成长和企业家精神发挥的环境因素包括以儒家文化为主，以道家、法家、墨家、兵家和农家等思想为辅的传统文化所构建出的精神环境（杨万东，2004；陈仁祥，谢若锋，1992），还有政府管制、法制水平和金融发展等制度环境（陈怡安，赵雪苹，2019）等。段德忠等（2018）、郭燕青和王洋（2019）的研究均显示了中国企业家的成长受地理因素的影响，且具有地域规律性。郭燕青和王洋（2019）提出中国企业家群体具有空间集聚性，其分布的地域差距明显，总体来讲显现从东部沿海向西部内陆递减的态势；省内的人力资本、经济发展程度、创新和教育水平是影响省内私营企业和个体就业人数的显著因素。段德忠等（2018）发现企业家的出生地高度集中于以长三角地区为代表的东部沿海城市，企业家的创业地和成功地均集中于京津冀和长三角地区；中国城市在企业家成长中的角色明显具有圈层性：北京在城市创新网络中处于最核心的位置。

研究者对从改革开放以来涌现的中国企业家进行了世代划分。改革开放近20年时，谷迎春（1995）认为中国自改革开放已经出现了三次大商潮，而在每次商潮中投身创业的人是不一样的：20世纪80年代初期不满足现状的社会主流外群体、谋生者与政坛失意者，80年代中后期知识分子下海的试探者，以及90年代初成批下海的知识分子。其中，第三次商潮中投身创业的企业家又可以被称为"儒商"的一代；这些"儒商"是将经济目标与人文目标结合起来的中坚力量（谷迎春，1995）。

当改革开放四十年时，跨度更广的时间线和已被时间及企业绩效证明了的企业家实力为研究者提供了更多的素材。研究者对企业家的世代划分进行了整合和补充。不同研究者给企业家进行世代划分的分界点差异不大，基本划分为10年左右一个世代，但在细节和依据上却有着不同。余菁（2018）聚焦于企业家精神，认为在中国改革开放以来的40年中，先后至少出现了三代企业家精神：改革开放初期萌发于基层的个体经营者的企业家精神，此阶段企业家的关注重点多在创富；20世纪80年代中后期涌现的大工业时代的企业家精神，企业家的关注重点更多转向企业成长；进入21世纪后移动互联网技术革命浪潮下迸发的新一代企业家精神——从世纪之交到21世纪最初10年企业家精神集中迸发于追随国际互联网和高科技浪潮的新创企业中，在这之后企业家精神集中显现在逐渐产生的、一群以移动互联技术为基础发展新技能的互联网领军企业中。李剑力（2018）从企业家的出身和人口统计特点出发，认为从改革开放至今，主要有四代企业家：第一代为胆略型企业家，产生于20世纪80年代，主要产生于农民、乡镇干部、个体创业者和复转军人群体，其中的代表人物有鲁冠球、曹德旺、张瑞敏、柳传志、任正非和刘永好等；第二代为精英型企业家，产生于20世纪90年代，主要产生于下海的干部和学者以及大学毕业生群体，其中的代表人物有冯仑、陈东升和俞敏洪等；第三代为专家型企业家，产生于世纪之交前后，主要产生于高学历、海归和职业经理人群体，其中的代表人物有马云、马化腾和刘强东等；第四代为职业型企业家，产生于2010年之后的大众创业浪潮和民企二代接班人群体，其中的代表人物有程维和柳青等。张玉利和谢巍（2018）以时代事件和企业家出身为主要依据，对改革开放后企业家的浪潮按四阶段划分：第一阶段始于20世纪80年代初，强调此阶段创业者主流草根创业的特征；第二阶段始于80年代末，此阶段的创业者主流由草根族转向以知识分子为主，但仍具有部分社会非主流群体的性质；第三阶段始于20世纪末前后，由东南亚金融危机和互联网技术的兴起等触发，企业家的形象和地位都有明显提升；第四阶段以大众创业为特点，企业家价值和精神得到进一步肯定和弘扬。

现有文献在不同时期对中国企业家的成长状况进行了研究。在21世纪初，杨万东（2004）对截至其论文发表时研究者和实践者所持有的关于企业家群体当时所存在的问题的观点进行了梳理，发现了贪财、合作残疾、不守规则、存在"原罪"以及多数民营企业家存在内伤等问题。

到了改革开放走过30年前后时，顾文涛等（2008）发现越来越多历经锤炼的中国企业家意识到做企业与做人之间的联结，用做人的态度来做企业以获取企业的长远、广阔的发展。武亚军等（2010）提出企业家对战略管理已经有了普遍重视，普遍强调创新、产能优化、制度化和流程的规范性，也普遍认识到对进一步提高自身素养与能力的需求，但同时成本领先战略仍被众多企业选择，员工对企业战略决策的参与程度仍处于不高的水平。总体来说，此时的中国企业家群体中已经不仅只有星星点点的成功者。新一代的中国精英企业家已决心重写中国经济图景，使其成为新的世界经济力量（Choy，2011）。

时间发展至改革开放走过40年前后时，李兰等（2019）发现中国企业家在诚信、责任意识、创新、敬业精神和学习与自我提升五个方面都具有显著提升；企业家的精神特点从改革开放初期的勇于冒险升级到现在对创新的重视和对精益求精的追求；企业家精神的发展对法治环境和社会的显性规范提出了更高的要求，而政策环境和隐形规则的影响则有所下降。刘志阳（2018）提出最具代表性的企业家精神已经由改革开放最初10余年中的冒险型企业家精神发展到后面20年中的探索型企业家精神，再到近些年中的创新型企业家精神；相应地，主要的创业活动也由模仿型发展至机会型、再到创新型创业活动。改革开放后出生的年轻一代企业家也正在逐渐成长起来，成为经济发展的中坚力量（白永秀，宁启，2018）。中国企业家随着企业和社会的发展，不断进行自我提升以实现自我超越，从最初小我的企业家到企业的企业家，再到成为中国的企业家（吴炯，张引，2019）。

2.2.3 改革开放以来的中国企业家管理思想研究

伴随着环境的变化，一波又一波的管理思想经历着从涌现到蓬勃，再到消退的过程，而在一些特定的历史时期，管理思想的发展会格外繁荣（Child，1968）。改革开放以来的40余年正是这样的特定历史时期。改革开放带来的市场繁荣和高速工业化发展促成中国管理思想和中国管理学真正的迸发和发展（吴照云，李晶，2012）。

中国企业40余年的高速发展离不开企业家符合时局和及时更新的管理思想。一大批优秀企业家在此过程中形成了自己的管理思想。改革开放带来了市场和商业系统的改变，提供了市场机会；这些机会被企业家捕获到，又经过企业家个体的认知、特质、价值观和行为对这些机会进行加工，最终转化为企业的经营结果（Yang & Li，2008）。贾永轩（2005）对改革开放至其书出版时的20余年间中国企业家的盈利模式做了四部曲的总结：由第一阶段的业务拉动增长，到第二阶段的向内部管理要效益，再到第三阶段的资金运作、资本运作一批研究者对改革开放以来取得杰出成就的企业家的管理思想进行了研究。在 20 世纪早期出生的企业家中，王永庆、李嘉诚和季克良等企业家的管理思想被尤为关注。常桦（2004）对王永庆在管理哲学、创业、人力资源管理和企业发展战略等方面的经营与管理思想进行了研究，强调王永庆对追根究底的精神与合理化的追求是其经营管理思想中的鲜明特点；也对李嘉诚的创业思想、人力资源管理思想和资本战略思想中的突出特点进行了梳理。邢岩（2015）对李嘉诚的管理思想进行了研究，提出其管理思想中蕴含丰富的中国传统文化和儒家思想精神，其经营及管理原则均以诚信和仁义为突出特点；其财富观以有钱大家赚、有利润大家分享以及"君子爱财，取之有道"为典型特征。赵付春和于保平（2019）提出，季克良的管理思想不仅受到了墨家、儒家等中国传统哲学与文化精神精髓的影响，也受到了近代中国"实业报国"思想的启迪，并为中国管理思想的发展贡献了"新工匠精神"。

在 20 世纪四五十年代出生的企业家中，张瑞敏、任正非、柳传志、王健林、许家印和朱江洪等企业家的管理思想被尤为关注。多位研究者对张瑞敏的管理思想进行了研究。张瑞敏在管理理念、人力资源管理、多元化战略、国际化战略、品牌战略、创新管理和海尔文化等方面都有杰出贡献，如日清日高，OEC 管理模式，斜坡球体理论，输入管理模式、激活"休克鱼"，赛马不相马，市场链和流程再造，人人创客，海尔是海等（方安静等，2015；常桦，2004；贾永轩，2005；Zhang，2016）。其管理思想中展示着具有典型中国文化特征的水式管理哲学（胡国栋，李苗，2019）。田志龙和钟文峰（2019）的研究展示了任正非示范的通过沟通让员工接受企业家的观点、同步于企业家的理念、理解并认同其中意义的方法。常桦（2004）和贾永轩（2005）都对柳传志的管理思想进行了研究。柳传志的管理思想在创新管理、人力资源管理、战略思想、品牌营销思想和联想文化等方面有着显著贡献，如企业发展的三个着力点"吃着碗里的、看着锅里的、种着田里的"，又如企业发展从专业化、到多元化、再到国际化的三阶段（常桦，2004；贾永轩，2005）。多位研究者对王健林的管理思想进行了研究。王健林的军旅生涯对其经营理念、管理思想和企业的成功具有深厚的影响，且以人才为核心资产的认识和管理思想中的军事化思维是其管理思想中的重要特征（张安淇，2016；Li & Nauright，2020）。张安淇（2016）还展示了王健林管理思想通过制度和文化双元途径对万达员工管理产生的影响。周静和刘昱锜（2016）提出许家印现代型的集权管理观和制度与文化的思辨关系是其管理思想中的显著特点。刘朔等（2019）提出朱江洪的管理思想特点体现于其大道至简的管理风格，体现于其基于自身核心价值取向做出的聚焦主业、做强主业战略，还体现于其积极发现、积极解决问题的战略思维模式。

在 20 世纪六七十年代出生的企业家中，马化腾、马云、雷军、李彦宏、张近东、刘强东、王传福和李书福等企业家的管理思想被尤为关注。刘艺戈（2016）和李燕莲等（2016）的研究聚焦于马化腾的管理思想，对马化腾在创新管理、人力资源管理和战略管理等方面的突出管理思想贡献进行了研究，如复制式创新、连接思想、三问哲学、生物型组织的"灰度法则"和大平台战略等。刘艺戈（2016）进一步提出马化腾的管理思想对腾讯公司的战略有着极其密切且极具渗透性的影响，也是腾讯公司的人力资源管理得以与企业战略相协同的根源。马一（2014）的研究聚焦于马云的"中国合伙人制"。智荣（2020）的研究聚焦于马云的平衡、辩证、逆向和跳跃四种典型思维方式。王云和万彤彤（2016）对雷军管理思想中的飞猪理论、少即是多原则和互联网思维进行了重点研究。李丙军（2016）提出李彦宏的管理思想特点体现于其技术至上的管理理念、宽松自由的企业文化主张和受其自身性格影响而形成的简单可依赖的百度文化。李书领和柳云（2016）的研究揭示了张近东在零售观、互联网逻辑和人力资本观等方面的经营管理思想：马拉松零售观；传统零售企业先有"＋互联网"，再有"互联网＋"；互联网转型的根本还是人的转型。崔瑜（2018）展示了刘强东示范的将一个字贯彻于整个管理系统的方法：以"正"为管理理念和文化核心，展现于企业价值观、人才观、管理原则、管理流程和具体管理方法中。顾倩妮和张强（2018）的研究聚焦于王传福的管理思想：平台化再造、战略高度的技"术"一体、打破理所当然的逆向颠覆等。石易（2016）提出了王传福管理思想的四个方面：战略层面"以创新为基因的企业定位"，战术层面"以人才为根本的管理模式""以模仿式创新为技术路径""以低成本高品质为竞争优势"。吴晓波（2017a）、魏江和刘洋（2020）对李书福的经历和管理思想进行了研究。吴晓波（2017a）提出李书福的经历展示了一代中国企业家发展的过程。魏江和刘洋（2020）在研究中从战略创新、利益共同体塑造、技术创新和组织创新等方面展示了李书福的管理思想。

2.3　知识理论研究

本研究参照雷恩和贝德安（2011）的定义，将管理思想视为一种知识体系。知识是思想的基层构成单元。本节从知识和知识的种类以及知识的创造和获取两方面对知识理论研究成果进行梳理，展示本研究的理论储备。

2.3.1　知识和知识的种类

知识所经历的发展阶段可以被分为叙述、说明和解释三阶段；仅有叙述的知识是常识，展示的是事实；说明所关注的是事实的上下关系、事实之间的因果关系，讨论的是事实的意义，且包含有类推、假设和定律三个阶段；既有叙述又有说明的是科学，展示的是定律；解释所讲述的是事物的"为什么"；而包含叙述、说明和解释的是哲学，展示的是理由（张东荪，2011）。

在知识的众多分类方式中，最常出现的是按照对外界的显现程度和传播的难易，将知识分为可言表、可展现和易传达的显性知识和难以言表、难以拷贝和不易传播的隐性知识（Polanyi，1958；肖冬平，2013；冷晓彦，2006；周宽久等，2009；张东，王惠临，2010；夏德，程国平，2003）。也就是说，个体所传递出来的知识并不是其掌握的全部知识。在个体所知道或掌握的知识和其所表达出来的知识之间还存在着一些未被组织出来的、内隐着的知识（Polanyi，1958）。

甚至，显性知识可能仅仅是巨大知识冰山显露于水面之上的很小部分，而不可言传的隐性知识才是更大甚至更有意义的部分（周宽久等，2009）。

显性知识往往是被剔除个人因素后的、规范化的、系统化的、社会化的、以客观形式存在的知识，是可以通过受教或学习而获取到的知识（冷晓彦，2006；周宽久等，2009；Nonaka，1991）。例如，已经被书写、传递、表达和描述出来的包含语言、文字、图表、符号、公式或模型的语音、日记、文章和专著等（肖冬平，2013；Polanyi，1958）。

隐性知识则往往是高度个人化的、无法或难以被清晰编码、组织、传递或表达出来的知识，如直觉、信念、价值观、体验和主观感受等（黎晓丹等，2020；肖冬平，2013；Grover & Davenport，2001；Nonaka，1991）。价值观、感悟、体验、判断和心智模式类知识在未被所有者表述出来之前，属于隐性知识（冷晓彦，2006），只能在实践行为中被透露出来（夏德，程国平，2003）。在企业情境中，隐性知识又可以被分为四类：技术诀窍、心智模式、解决问题的思维方式和组织惯例（Lubit，2001）。其中，技术诀窍靠经验所得难以传教，心智模式向我们展示世界是如何构建的，解决问题的思维方式决定了我们面对问题时思考的决策树是怎样的，组织惯例中则蕴含了大量的组织隐性知识（Lubit，2001）。还有一些学者将企业情境中的隐性知识分为两种：包含心智模式、价值观和信念等在内的认知型隐性知识和包含诀窍、技术和经验等在内的技能型隐性知识（刘晓敏，2017）。

显性知识可以被加工成属于个体的隐性知识；甚至很多时候个体从外界习得的显性知识需要与自身实践一起经过个体的再加工转化成个体所拥有的隐性知识后才可以真正产生功用（冷晓彦，2006）。相应地，隐性知识也可以被转化为显性知识（周宽久等，2009；张东，王惠临，2010；冷晓彦，2006）。当所有者将自己的隐性知识输出为文字、语言、图表和公式等形式之后，这些输出后的隐性知识便被转化成了显性知识。例如，可以通过认知地图来将专家的隐性知识程式化，并以基于案例的推理为工具将认知地图驱动下的隐性知识以框架型案例的形式存储下来，以便在遇到新问题的时候可以抽取相关案例进行应用（Noh et al.，2000）。Nonaka（1991）借由一个案例说明组织中的创新可以是在两种知识之间发生的一种运动：最初，组织中的一名成员在社会交往中习得了秘密的隐性知识；然后，该成员将自己所掌握的隐性知识转化成显性知识再分享给组织中的其他成员；接下来，组织成员在接收新的显性知识后共同发挥智慧对其加以标准化并登记在册，再加以利用形成创新成果；最终，在这个过程中每个组织成员又可以积累新的隐性知识留待下一轮创新。Nonaka（1994）后来又提出隐性知识与显性知识之间可以存在的四种转化模式：在人与人之间传递隐性知识的社会化过程；不同人所掌握的不同显性知识的组合化过程；从隐性知识到显性知识的外化过程以及从显性知识到隐性知识的内化过程。再之后，Nonaka 和 Takeuchi（1995）提出了在显性知识和隐性知识之间所存在的一种相互转化的循环，即 SECI 模型：个体的隐性知识通过社会化转化为群体的隐性知识，随后群体的隐性知识再外化成为群体的显性知识；群体的显性知识组合化而形成个体的显性知识，个体的显性知识再内化形成新的个体的隐性知识。SECI模型后来也成了很多组织或群体知识研究的重要理论基础和素材（如，张东、王惠临，2010；Baldé et al.，2018）。

在组织中，显性知识只占小部分，而隐性知识则占大多数（苏新宁等，2004），又由于群组层面隐性知识的难复制性，使隐性知识相较于显性知识，更是构成企业竞争优势和创造新知识的重要资源（冷晓彦，2006）。在大数据时代，尽管显性知识和隐性知识都是重要的，但是在具体业务活动中，相较于显性知识，商业组织尤其需要让隐性知识处在首要位置（野中郁次郎，纺野登，2019）。

除了显性知识和隐性知识，知识还可以有其他分类方法。从心理学的角度，知识可以被分为用以回答"是什么"的陈述性知识和用以回答"怎么办"的程序性知识；这其中的程序性知识又分为可以通过练习而实现的几乎不需要意识控制的智慧技能和需要意识作用的认知策略（朱燕，1999）。此外，按照传播程度，知识可以分为仅个人拥有而尚未被公众所知或掌握的个人知识和公共知识（肖冬平，2013）。

在知识的分类中加入对理想和价值观的考量，又可以将知识分为相互有别又彼此关联的三种知识：感性知识——零散的、纷杂的、未经系统整理的且隐含于个体之内的感悟，理性知识——抽象的、编码化的概念与相关概念，活性知识——个体依据一定价值观所做出的对于事物的情感体验或期望（Yang，2003；屠兴勇，杨百寅，2011）。

2.3.2 知识的创造和获取

最著名的知识起源观有三种——理性主义、经验主义和神秘主义（张东苏，2011）。理性主义观认为人从感官知觉上所获得的经验只是知识的素材，必须经由组织使这些素材成为一个系统，才能使其具有意义；这种组织的工作是理性的加工，而非经验；所以"理性主义所见的知识，是在概念、原理和法则里面，而非觉察个别的物体"（张东苏，2011，p.3）。换句话说，理性主义观认为人可以通过大脑思维、逻辑和推理对捕捉到的信息进行加工，从而获得知识（肖冬平，2013）。经验主义观则认为经历是不可少的，甚至是知识唯一的来源，知识的源头和基础在于感受和经验；心保存着印象和观念；而理性主义者所认为的普遍法则是理性主义者心中设想而非客观存在的（张东苏，2011；肖冬平，2013）。理性主义者和经验主义者虽然观点不同，但都不排斥经验或理性在知识起源中的作用（周晓亮，2003）。在神秘主义观中，看重情感的为美的神秘主义观，看重思想的为玄辩的神秘主义观，看重意志的为伦理的神秘主义观；而直觉论则是对神秘主义观的另一种说法（张东苏，2011）。

尽管在不同主义或逻辑中，人们持有对知识起源与创造过程的不同观点，但都不能忽视个体大脑在进行知识创造的过程中所发挥的作用。罗素（2010）认为对于基于事实的知识来说，感觉和记忆都是其来源，而感受更是其中的基础，因为记忆也是大脑根据经历过的感受而处理得来的。肖冬平（2013）提出个体知识的形成经历了从事实到数据、到信息、再到知识的过程，并最终演变成智慧；其中，从事实到知识的过程正是认知的过程——先天遗传基因和后天习得一起在发挥着作用。个体不仅可以由在实践中的行为形成知识，也可以由实验中的尝试和推理形成知识（肖冬平，2013）。Kilduff等（2011）展示了四种可贡献于科学知识生产的典型逻辑：纯研究逻辑、归纳逻辑、开发逻辑和问题解决逻辑。在纯研究逻辑中，研究者往往不将他们的工作与特定的发现联系起来，而是将新知识的发展作为长期项目，去探索那些切实存在的物体的奥秘；在归纳逻辑中，科学知识源自于对大量数据的归纳，且这种归纳甚至可以脱离任何有关因果关系或实体存在的预设；在开发逻辑中，研究者具有较强且坚固的基础假设，而知识生产是在已有的知识根据地中不断做开发，具有一定的排他性和密闭性；在问题解决逻辑中，务实地寻求问题解决的满意方案占有了相对重要的位置，同时研究者在理论选择和对传统的坚守上也具有相当程度的自由（Kilduff et al.，2011）。

除了个体大脑作用之外，实践在知识创造中的作用也是至关重要的。从隐性知识和显性知识分类视角看，隐性知识和显性知识的根源都在于人类的实践，是知识的一体两面，可以相互转化：实践经验和显性知识集成后形成支持高效推理和快速检索的隐性知识，隐性知识社会化和科学化之后又形成相对严谨和完整的显性知识，之后显性知识又继续成为可以指导更多实践的资源（周宽久等，2009）。Schön（1983）认为专业工作者展现出了一种实践中的认识，虽然不同行业的专业工作者在其认识过程中有不少重要的独特之处，但是通过对多类专业工作者的研究仍可把握共性提炼出相通的一条实践认识论的认识路径。这条路径包含两个关键过程：其一是实践者在面对其所发现的一些特殊现象时，以其所熟悉的数据库中的一些要素作为范本或参照；其二是实践者在思考现象之间的相似性时，会生成一些新的假设并通过行动对其新假设进行检验，与此同时其行动也再次塑造了情境（Schön，1983）。

个体进行知识创造的过程中，也有组织或群体在发挥作用。在Nonaka 和 Takeuchi（1995）的 SECI 模型中揭示了组织与个体在知识获取与创造上的一种互动。野中郁次郎（Nonaka）和绀野登（2019）又进一步提出正是与谁互动、从文化和社会中获取到什么以及进行知识创造的环境决定了人们所知道的知识，于是人类的任何知识都可以被理解为是一种集体知识。人们在创造知识的时候有一个临时的创新互动空间，"场"，在发挥重要作用；在其中的人们有意识地为一个共同目标而互动和交流以产生新的知识（野中郁次郎，绀野登，2019）。单许昌和杨百寅（2014）提出了个体在组织中基于感性知识、理性知识和活性知识之间九种转换模式进行知识创新的螺旋上升模型：三种知识可以通过实践化、概念化、情感化、具体化、系统化、有效化、物质化、合法化和变革这九种转换模式被串联起来，并在不断转换的过程中实现三种知识的螺旋式上升发展。

个体要获得知识不仅可以通过认识过程创造自己的知识，也可以从外界获取知识。知识获取也就是使知识通过某种途径实现有目的的转移或流动以到达知识的需求者（苏敬勤，林海芬，2011）。个体获取知识的途径并不单一。个体的知识获取可以借助由人类的知识依次到民族的知识、群体的知识再到个体的知识这条传播路径（肖冬平，2013）。具体来说，伴随成长过程，个体可以从父母和家人处获取知识，可以从学校或机构的教育和培训中获取知识，可以从社会交往中获取知识，也可以通过自学从文献和数据库中获取知识；其中，通过教育往往只能获取到显性知识，待到与实践结合转化为隐性知识后，才能发挥作用（肖冬平，2013）。也有一些学者对特定群体的知识获取途径进行研究。邓红辉等（2019）将创业者获取创业知识的途径划分为四种：从工作经验中学习、按照角色模板进行观察和模仿、从正规教育中学习和从其他途径的交流中学习。苏敬勤和林海芬（2011）发现管理者的社会网络是其获取知识的重要渠道，而且网络的规模、异质性和连接强度以及网络中结构洞的数量对获取的效率和效果具有影响。

知识获取也可以放在组织或群体层面进行讨论。组织或群体层面的知识获取本质上也是基于组织中或群体中之个体的知识获取（Soo et al.，2002）。这些组织或群体层面的知识获取不仅源自与组织或群体外部的沟通和交流，也可以源自内部成员间的交互行为；不仅正式网络可以作为其媒介，非正式网络也具备这一功能（Soo et al.，2002）。

学习是个体或群体获取知识的重要途径，也是创造知识的重要前提。不少研究者和理论家在尝试突破组织和个人在学习、转换或变革过程中二分对立的逻辑（圣吉等，2018）。无论是个人还是有生命的组织，要进行深度学习都需要很多共同的条件，其中包括要能放得下过去自己所认同的东西、要能放手一些控制欲、要能感悟当下、要能融入更大的势场以及要能深入参透有生命力且不断变化和生长着的整体（圣吉等，2018）。而对于在组织之中的集体学习，则应借由三段过程而不断深入：从学会观察到进一步认识现实和身在其中的自己，再到自发为变化着的整体服务并受其支持进行实践（圣吉等，2018）。

"学习"有时会被理解得太简单或太狭隘，它不仅关乎学会如何解决一个问题，还关乎从实践中反思为什么这么做以及是否还有实现既定目标的更好方法（Argyris，1991）。Argyris（1976）提出除了更常被人们在行动中使用的单环学习模式外，还有一种双环学习模式，可以避免仅靠单环学习所带来的一些问题。成功经验颇多、但很少经历失败的高技能型专业工作者往往十分擅长单环学习而不擅长双环学习，因为他们往往会在依据单环学习而出现失败结果时倾向于将责任归咎于外部而非向内观察；此时的他们往往具有防御性倾向，而且恰恰在最需要学习能力的时候关闭获得这项能力的通道（Argyris，1991）。在双环学习中，人们不仅会发现错误并尝试应用方法去修补和改进，还会去反思自己的假设并检验自己基层假设的有效性，批评性地反思自己的行为，考察自己的哪些做法导致了问题的发生从而改变自己的做法（Argyris，1991）。

2.4 文献述评和研究主题的确认

本章从管理思想研究、中国企业家研究和知识理论研究三方面进行文献回顾，以把握与中国企业家管理思想形成过程这一主题有关的文献概况和理论基础。总体来说，有以下七点发现。

第一，现有管理思想研究在管理思想内容上为本研究做出了启示，揭示了个体管理思想不仅可能涉及具体管理活动，也可能涉及更具哲学性的思考。有重大影响力的、时代性的管理思想往往在对人的基本假设、对组织与员工关系的假设、对管理要素的基本假设、管理的准则、管理效力产生的逻辑等深层问题上有所建树。

第二，现有管理思想研究对个体管理思想形成的影响因素进行了一定探讨：或提出影响因素的几个大类，或针对某一个或几个特定类别内的影响因素做分析。但是，这些影响因素纷繁庞杂，现有研究对其研究还不够充分，而且现有研究很少解析这些影响因素如何对管理思想的形成产生作用。这使得对中国企业家管理思想形成过程的研究不能仅依靠对成熟理论和研究结果的场景迁移与情境化分析而完成。

第三，越来越多的学者和研究者将精力投入到对中国企业家或者中国企业家管理思想的研究之中。然而，关于中国企业家管理思想的研究多为针对某位中国企业家的管理思想或针对某项或某几项孤立的管理思想的研究，少有通过多案例挖掘共性的研究，鲜有探究企业家众多管理思想之间关系的研究，更鲜有揭示管理思想形成方法、过程或路径的研究。现有文献对中国企业家的特点、发展、族类进行了分析，也对一些先进企业家的部分管理思想进行了展示、推介和挖掘，但是，对于促进企业家的管理思想的产生和发展来说，现有研究成果在两个方面还有缺憾。第一个方面，现有研究成果中鲜有提炼出企业家思想形成过程中规律性的、可供他人模仿的方法，难以响应促进中国企业家管理思想创新的巨大需求。仅针对企业和企业家的管理思想本身的研究是不够的。这些研究可以促进不成熟企业家对成熟企业家的学习，可以引导他们对成熟管理思想的复制和引进，可以促进一些思想变体的产生，但是，在促进更多思想的形成上，作用却有限。换句话说，要促进更多企业家管理思想的形成与创新，不仅需要对管理思想本身进行研究，也需要对管理思想形成机制进行研究；不仅需要对优秀管理思想内容的研究，也需要针对形成这些管理思想的方式、方法的研究；不仅需要让其他企业家去学习成功的大企业家的管理思想，也需要让他们形成自己的管理思想。第二个方面，大多数现有研究对企业家管理思想系统性的关注不足，对管理思想的提炼和整理经常偏碎片化，可能会使据此学习成名企业家管理思想的读者因缺乏相关思想的支撑而只能得其"皮毛"而不得其精髓。

第四，在本就为数不多的有关企业家管理思想形成的研究中，大多数还集中在会对中国企业家管理思想造成影响的因素上，而没有更进一步探讨这些因素如何发挥作用。同时，这些研究成果中不少还存在系统性不足、主次不清和不够具体等问题，不免让人产生一系列疑惑。比如，管理思想会受到历史和文化等因素的影响，但中国文化丰富且历史悠久，究竟哪些才是真正对企业家管理思想产生影响的、对企业家管理思想形成过程真正有意义的历史因素和文化因素呢？又比如，个人背景会对企业家的管理思想造成影响，但哪些方面的背景会造成影响、哪些方面的背景不会造成影响？

第五，现有文献揭示出中国企业家及其管理思想是具有特色的，是与西方企业家不尽相同的，揭示出在管理思想视角下对中国企业家的有针对性研究是被实践界和理论界所需要的。

第六，知识理论研究为本研究主题提供了管理思想内容的线索，提供了形成管理思想基本单元的理论基础，但在现有知识获取和创造研究中鲜有针对企业家这一强实践、重价值群体的研究，也鲜有将知识汇聚到思想层面的研究。从管理思想与知识的关系以及对知识的概念和分类的梳理中可以发现，管理思想内部包含多种知识，这些知识可以被划分为不同层次和不同种类，而且，这些知识的形成具有层次性和次序性。从知识为构成管理思想之单位元素的角度来看，管理思想可以是多种知识的组合。相应地，管理思想从解答问题的维度上来说可以包括"是什么""怎么办"和"为什么"三种知识，从掌握者的维度上来说可以包括个人的和公共的两种知识，从显现程度的维度上来说可以包括显性的和隐性的两种知识。从知识的创造和获取研究中可以发现管理思想作为知识体系，可以有获取的成分也可以有创造的成分，而这两部分成分都可以经过个体思维的加工，融合成管理知识体系，即管理思想。这印证了本研究将管理思想的形成作为一种思维行动的合理性。与管理思想作为一种知识体系的定义相一致，管理思想中的知识应当成系统地出现，这些知识彼此相互协调和匹配而非孤立出现。举例来说，单独出现一个对管理目标的描述而没有对于该描述中所涉及成分、概念或关系的说明或解读，或者说，单有对管理目标的看法而没有展示对这种看法的支撑系统，只能算是关于管理的灵感、想法、认识或知识，不能算是完整的管理思想。

第七，知识理论研究说明了本研究中数据的可获取性。在企业情境中，决定企业核心能力的往往是隐性知识（夏德，程国平，2003），因其具有路径依赖和非格式化的特性使其相较于显性知识更不易被程式化、模仿、流通甚至再利用，从而具有垄断性质（夏德，程国平，2003；Noh et al.，2000）。企业家管理思想的形成方式与路径在被挖掘、研究和梳理出来之前，正是这种属于企业家本人的隐性知识。而隐性知识和显性知识可以相互转化和影响（周宽久等，2009；张东，王惠临，2010）。从研究显性知识和隐性知识及其转换的文献中可以发现，虽然企业家管理思想的形成过程是企业家在思维上、精神上的创造程序，具有隐性性质，但也是可以被显性化出来的。它们作为思维程序首先存在于所有者思维中并体现在所有者的行为中，然后根据所有者的意愿和能力被整理和展现出来，如以书面形式，可以展现为文字、图表、模型、公式和符号组合等；以声音形式，可以出现在访谈、演讲和其他面对面或非面对面的语音沟通中。所以，通过对企业话语和文字的研究可以发掘企业家已经展现出来的关于管理思想形成过程的显性知识。通过对企业家的访谈，还可以获取企业家愿意分享但尚未分享出来的隐性知识，也可以在过程中通过问题激发企业家对其隐性知识的梳理和明晰化，进而使其显性化。

基于本章的文献和理论回顾，笔者再次确定了中国企业家管理思想形成过程研究的重要性和可行性。中国企业家自身管理思想的形成不仅肩负着提高企业绩效、辅助国内经济发展的使命，还肩负着在中国企业国际化进程中提升中国企业形象的任务。企业家的管理思想是如此重要，它在企业发展和文化形成中起着纲领性作用（石易，2016）。但目前来看，无论是管理思想文献、中国企业家文献还是知识理论文献都尚未对这个问题的解决提供足够显著的帮助，也尚未对中国成功企业家形成自身管理思想的方法、过程和路径做出足够清晰的揭示。

第3章 研究方法

本章详细展示本研究所使用的一系列研究方法并阐述选择这些方法的原因，主要内容包括本研究对扎根理论研究方法的选择、在三种主要扎根理论流派中对经典扎根理论流派的选择、研究样本、数据收集和数据分析的过程和方法以及研究的信度和效度。

3.1 方法的选择

归纳性研究方法比演绎性研究方法更加适合本研究主题。本研究的主题是中国企业家管理思想形成过程。通过前期的相关文献和理论回顾发现，文献对这一主题的讨论尚不充分，且现有理论对这一主题的支撑不够全面，所以不足以推演出解释力足够强、足够完整的假设。与之相对的是实践中的一些中国企业家已经用现实证明他们形成了先进有效的管理思想。这些企业家实践中的经验、体会和心得可以为对该主题的研究提供相对充足的素材。研究者对这些素材进行剖析和归纳可以触及和发掘到更多的深层信息。而且，归纳性的研究方法尤其适用于发现新情境和新现象中的规律（徐淑英，张志学，2005），适合在情境中发展概念和构建理论（贾旭东，谭新辉，2010）。

质性研究方法比量化研究方法更加适合本研究问题。一方面，本研究的研究目的主要在于从成功企业家处挖掘经过实践检验的、行之有效的、有推广价值的、可以形成自身管理思想的过程和方法，而非验证已做出的假设。虽然量化研究有其重要优点，但基于现有理论与研究做出的假设不利于研究觉察现有理论框架外的可能性和本土化的特殊问题（贾旭东，谭新辉，2010）。另一方面，这些已经成功形成自身有效管理思想的企业家在企业家群体中仍是特殊群体，而非大多数。对他们进行细致挖掘比对大批企业家进行普遍考察更符合本研究的主题和目的，可以更有效地回答研究问题。本研究要回答的是质的问题，不是量的问题。

经常用于质性研究的工具有民族志、扎根理论和现象学研究方法等，而对它们的选择则往往由研究问题的情况而定（陈向明，2000）。对于本研究来说，扎根理论具有显著优势。

（1）扎根理论在理论构建方面具有优势。扎根理论的产生和存在正是以建构理论为目的（Glaser & Strauss，1967）。民族志和扎根理论都是产生早、影响力强的质性研究工具（陈向明，2015）。民族志往往通过观察特定群体的日常生活、聆听对话和发生的事件来获取研究问题的答案（Hammersley & Atkinson，2006）。而扎根理论的强项在于从不拘一格的数据收集与系统化的数据分析中生成理论，并以不断比较和理论抽样为特点（Glaser，2001；吴继霞，何雯静，2019）。

扎根理论不是一种孤立的研究方法，而是一整套方法。Glaser 和 Strauss（1967）看到了当时社会科学领域主流研究中的一些现象和问题：极端实证主义的大量存在，实证研究中广泛存在缺乏翔实数据支撑的、纯逻辑推演的结论，用空想或推测出来的例子来支撑和解释出现在研究者脑海中的观点等。为了对这些问题进行回应，这两位学者提出了生成理论而非验证理论的方法论：扎根理论（Glaser & Strauss，1967）。在扎根理论被提出之前，质性数据常常以不够系统化和严谨化的方式被使用，其分析结果仅仅成为研究者本人逻辑和常识的结合体，而扎根理论的使用可以降低质性研究中发生机会主义行为的可能性（Glaser & Strauss，1967）。它为质性研究提供了一套相对可靠、稳健和系统的准则、步骤和程序（吴肃然，李名荟，2020）。

（2）扎根理论在情境研究方面具有显著优势。扎根理论可以实现对具体管理情境的捕捉，适合进行本土化研究（贾旭东，谭新辉，2010；贾旭东，衡量，2016）。基于西方情境的研究难以解释很多中国现象和中国问题（贾旭东，2013）。中国企业的发展和中国企业家的思想具有显著的独特性。因此本研究主题需要情境性的研究。而且，就世界企业家形成管理思想的共性上来说，中国改革开放40余年所经历的高效转型和快速发展，相当于提供了以欧美为代表的西方社会所经历的百余年的经济发展的缩影，使研究者得以借此捕捉原本在较长历史时间中才能观测到的变化。放弃对这一特殊情境的捕捉将会十分可惜。扎根理论为研究者基于中国管理现象贡献于普适的管理理论提供了途径（贾旭东，谭新辉，2010）。

（3）扎根理论适合生成的理论匹配于本研究拟构建理论的特质。第一，扎根理论适合生成介于包罗万象的宏大理论和关于日常生活的较小工作假设之间的中层理论（Glaser，1978）。这里的中层理论主要是指实质理论（substantive theory）和形式理论（formal theory）两类：前者指实质范畴的理论，根植于对某一特定实质领域的研究，一般也只会在这个特定领域被应用，可以成为形成形式理论的基石或者链条上的一部分；后者指形式的或者说概念范畴的理论，往往源于实质理论的激发，或者改写自实质理论，可以根植于对一个或多个实质领域的研究（Glaser & Strauss，1967；Glaser，1978）。第二，扎根理论适合于行动（action）研究，可以考察行动的因果、过程、时机和行动之间的互动（Glaser，1978；Glaser，1998；Corbin & Strauss，2008）。形成管理思想是思维的行动，是包含多个因素、多个步骤以及多次交互的行动。第三，相较于纯粹针对客观事实的研究，扎根理论更适用于涉及个体对事实的解读的研究（Suddaby，2006）。个体思想的形成需要经历获取信息、解读信息和加工信息的过程。同时管理行为又是紧密结合现实的行为，离不开对事实信息的获取、解读和加工。本研究正是涉及个体对事实解读的研究。

扎根理论从其诞生以来，在学者的不断努力之下，持续发展并衍生出不同的流派。扎根理论当前的主要流派有经典扎根理论、程序化扎根理论和建构主义扎根理论（Rieger，2019；贾旭东，衡量，2016）。扎根理论虽然最早由 Glaser 和 Strauss（1967）一同提出，但两人之后对扎根理论的一些理念和具体方法产生了分歧，并由此带来了扎根理论的两个流派：由 Glaser 坚守的经典扎根理论以及由 Strauss 和 Corbin（1990）带来的程序化扎根理论。这之后，Charmaz（2006）在综合吸收并评估经典扎根理论和程序化扎根理论的基础上，加入了自己新的看法，提出了建构主义扎根理论。

本研究以经典扎根理论为主要研究方法。这种选择主要基于对其理念的认同和其研究流程及理论建构范式对本研究的适用性。

扎根理论的三个主要流派在研究问题的产生方式、理论和实践的根本关系还有扎根精神上几乎没有区别。它们都强调研究扎根于现实中；研究问题源于情境之中；理论来自于数据之中，来自于对经验材料的逐级归纳之中，而非来自于对既有知识体系的演绎中；也都强调理论抽样和不断比较（Glaser，2001；Corbin & Strauss，2008；Charmaz，2006）。

虽然总体来说，扎根理论认为研究所形成的理论应具有适用性、具象性和自洽性（吴继霞，何雯静，2019），但是，三个流派对于扎根理论研究有一些各自不同的具体标准。经典扎根理论认为合格的扎根理论研究应当具有：匹配度，即理论范畴匹配于数据；有用性，即理论应当可以解释发生的、预测会发生的以及解读正在发生的研究领域内的现象；相关性，即与研究对象及其所关注问题的密切相关；可调整性，即随时根据新出现的证据对以前的结论进行修正；同时兼顾简约性和解释力范围（Glaser，1978；Glaser；1992）。程序化扎根理论流派认为有质量的质性研究应当能够让读者和参与者产生共鸣，有趣且有启发性，能呈现出敏感性，具有可靠性，能够让读者从材料中得到研究结论（Corbin & Strauss，2008）。具体来说，评价研究发现的一般标准有：合适、可应用性或可用性、概念、概念的情境化、逻辑、深度、变化形式、创造性、敏感性和备忘录的证据（Corbin & Strauss，2008）。建构主义扎根理论流派认为合格的扎根理论研究应当具有可信性、原创性、共鸣性和有用性（Charmaz，2006）。

不同流派在理论涌现过程上的理念也有所不同。经典扎根理论认为理论构建具有客观性，强调在研究过程中研究者应持观察者身份、开放的思想和理论敏感性，强调研究问题的自然涌现，在不断比较和规范数据处理的过程中完成理论构建（贾旭东，衡量，2016）。经典扎根理论强调归纳式的数据分析，严格要求理论从数据中来，而程序化扎根理论的数据分析结合了归纳和演绎的风格（毛基业，苏芳，

2019）。在程序化扎根理论研究中，研究者可以发挥自身的主观认识能力，用预设的方式来寻找数据中的规律和整理概念间的关系（Corbin & Strauss，2008；贾旭东，衡量，2016）。建构主义扎根理论对前两个流派进行了选择性吸纳，但强调数据和理论都不是被发现的，而是被研究者建构的：被研究的世界中也有研究者过去与现在的参与和互动，而且研究者自身也是被收集数据的一部分（Charmaz，2006）。

对于本研究来说，成功企业家的经验和心得是瑰宝，而且管理思想的形成受思维模式的极大影响，用研究者的任何预设去影响研究结果的产生都可能影响对"真相"的揭示，而且本研究中作为研究对象的成功企业家进行管理决策的"实践世界"与本研究中研究者的"日常世界"具有足够大的距离。所以经典扎根理论比另两种扎根理论更加适合于本研究。

三个流派在数据分析上的区别是最易识别它们的方式。经典扎根理论认为无论是质性的、还是量化的，一切都是数据（Glaser，2001）。经典扎根理论数据分析的编码过程是一个两阶段系统：实质性编码和理论性编码，其中实质性编码又分为开放性编码和选择性编码两步（Glaser，1978）。程序化扎根理论采用三阶段编码系统：开放性编码、主轴编码和选择性编码（Strauss & Corbin，1990）。建构主义扎根理论在评估前两种编码过程的基础上，发展出数据分析的四阶段编码过程：初级编码、聚焦编码、轴心编码和理论编码（Charmaz，2006）。

经典扎根理论的编码过程强调研究者以开放性的心态去接收数据所传达的信息。程序化扎根理论的程式化和标准化程度高，对研究者的敏感性要求没有经典扎根理论那么高，容易操作，但在建构理论的形式和范畴间关系上基本局限在因果关系上（贾旭东，谭新辉，2010）。其范式模型中包括因果条件、情境、干扰条件、行动或互动策略以及后果五个方面（Corbin & Strauss，2008）。建构主义扎根理论的编码过程则像是前两种扎根理论编码过程的综合体，虽然弱化了两者原本的缺陷，但同时也弱化了两者原本的优势。

对于本研究来说，经典扎根理论更利于去发现丰富的理论形态，而程序化扎根理论所强调的因果关系有其明显的局限性。Glaser（1978）提出了在经典扎根理论研究中理论性编码的 18 个编码家族：6C、过程、程度家族、维度家族、类型家族、策略家族、交互性家族、自我认知家族、临界点家族、方法—目标家族、文化家族、共识家族、主流家族、理论性家族、排列或细化家族、单元家族、阅读家族和模型。在其之后的著作中，Glaser（1998）又对经典扎根理论的理论性编码范式进行了扩充，增加了基本社会结构过程、基本社会结构条件、基本社会心理过程、基本心理过程、交互系列的增补、成对相反家族、表现家族、量表家族和群体认知家族等。本研究以中国企业家管理思想形成过程为主题，对思想形成过程的探索不局限于关注其中的因果关系。因果关系或许只是其中的一小部分，甚至在一些情况中可能并没有严格的因果关系，只有信息的积累和灵感的乍现。所以，程序化扎根理论如果应用于本研究很可能会限制研究发现，或者产生过于武断的研究结论。对于本研究来说，经典扎根理论所提倡的开放性能够将扎根理论方法的优势更好地发挥出来。

3.2 研究样本

在进行完初步的目的性抽样之后，经典扎根理论研究的抽样策略往往基于理论性抽样，且抽样过程伴随着分析过程，依从于分析轨迹，直至达到理论饱和（吴继霞，何雯静，2019）。理论性抽样既被正在生成的理论所引导，又进而引导理论的进一步生成；它指引着下一步的数据收集"去何处"，指引着编码"为了什么"而进行，还指引着从数据分析中获得"为什么"的答案（Glaser，1998）。理论抽样与传统抽样方法最根本的不同在于它是对数据的回应，受研究过程和上一步的分析推动，而不是在研究开始前预设的（Corbin & Strauss，2008）。其主要作用在于有针对性地寻找相关数据以发展、加工和完善生成理论的范畴，直至这些范畴都没有新的属性出现（Glaser，2001）。理论性抽样作为扎根理论的亮点之一，连接了扎根理论的数据收集和分析，服务于理论的生成（Glaser，1992）。它使研究者可以持续地关注数据的收集和分析，不让两者被割裂开。

本研究依据经典扎根理论的数据收集方法，首先使用目的性抽样选定了一名企业家进行预调研，打磨访谈问题；然后使用目的性抽样正式开始研究数据收集，选定访谈对象 A1，收集数据并进行数据分析，由此涌现出一些有希望成为核心的范畴；之后采用理论性抽样方法指引随后的数据收集，寻找可能为那些看起来有意义但仍显单薄的范畴提供数据和线索的企业家加入样本中，逐步丰富那些范畴，同时关联出其他的概念和范畴，继续进行理论性抽样，如此循环直至理论饱和。例如，在结束对 B3 曹德旺的数据分析之后，"对中国情境的分析""中国企业有其特点"等范畴展现出了一定的重要性，但尚显单薄，于是研究接下来依次进入了对 B4 鲁冠球和 B5 吴仁宝的数据收集和分析中，以图更详尽、深入地掌握相关信息，实现对这些范畴的充盈和对研究主题的进一步认识。

本研究先后一共选择了 43 位研究对象，包括 24 位"访谈对象"（研究对象代码 A1 至 A24）和 19 位"文本研究对象"（研究对象代码 B1 至 B19）。本研究用"访谈对象"来称呼那些匹配本研究且给了笔者访谈他们的机会的企业家。另外还有一些受理论性抽样指引且十分匹配本研究的杰出企业家，笔者没能获得访谈的机会，于是以他们本人的著作、演讲录、访谈录和文章等公开发行或发表的署名文本为研究数据进行分析。之所以选择公开发行或发表的署名文本，是因为此类文本是在可获得的范围内最大限度地保障了数据的可靠性。在本研究中，为了区分数据来源，笔者将这部分企业家称为"文本研究对象"。

为保障研究对象在形成管理思想上确实具有能力且符合本研究对"企业家"的界定，获取有推广价值的、形成有效管理思想的过程和方法，满足研究生成理论的需要，同时参照舒尔茨（2002）在选择"管理大师"时采用的著名和受欢迎原则，无论是在目的性抽样还是理论性抽样中，本研究都为研究对象设置了基本条件。除非理论性抽样指向特定的某一位企业家，否则所有研究对象均需满足对应条件。事实上，本研究中并没有发生理论性抽样指向的特定企业家不满足下列对应条件的情况。

在对访谈对象的选择中，本研究综合考虑企业家经营管理企业的经验、对所在企业的控制力、管理思想和经营理念的实践效果、管理思想特点的突出程度以及在其领导期间企业的业绩、社会影响力和创新度等情况设置基本条件，并在此基础上，依目的性抽样或理论性抽样指引，择优选择研究对象。本研究选定的所有访谈对象均满足下列4项基本条件：（1）该企业家创立或接手某企业已满10年；（2）其企业至少近5年经营状态良好，呈现健康、显著、充满未来的成长态势［评价标准参照杨杜（2014）提出的企业成长的八性模型——规模性、增长性、营利性、结构性、持续性、竞争性、创新性、社会性］；（3）其企业在当地（地级行政区）是既有经济效益也有社会影响力的企业；（4）对于对当地企业有一定了解的人（如企业家协会中的企业家、行业协会中的有关人员、市场监督管理局中的有关人员等）来说，该企业家的管理思想和管理方法具有很鲜明的特点，值得推广。

对于文本研究对象，由于不进行访谈，只依靠现有公开文本，获取资源的限制相对较小，可选择范围更大，所以要确定该对象与本研究的研究主题匹配度非常高且对研究问题的解答非常重要，其管理思想突出、被证明十分有效、影响力大、具有积极的激励力量，才会纳为研究对象。文本研究对象的基本条件是在下列来源中多次出现：（1）由《中国企业家》杂志社主办评选的年度"最具影响力的25位企业领袖"；（2）"全球最具影响力50大商业思想家"（Thinkers 50）；（3）CCTV"中国经济年度人物"；（4）吴晓波（2012；2017b）所著的《激荡三十年：中国企业1978—2008》和《激荡十年，水大鱼大：中国企业2008—2018》；（5）《中国企业家百年档案：1912—2012》（晋珀等，2012）。将最后这几本书籍列入其中是因为它们不仅涉及了当前正热门的企业家，也对历史进程中有过重要贡献的企业家进行了回顾。

表3-1中列出了访谈对象的统计信息，包括研究对象序号、研究对象代码、年龄、性别、企业核心业务、执掌本企业年数、访谈时长和访谈转录文本字数。其中，研究对象序号表示该企业家是本研究

中的第几位研究对象。为保护访谈对象的隐私和相关利益，在研究中保证访谈对象的匿名性，本研究不提供受访企业家姓名；而对于文本研究对象，用于分析的数据均来自公开发行或发表的文本，故而明示企业家的姓名于表3-2中。

表3-1 访谈对象情况汇总

研究对象序号	研究对象代码	年龄	性别	企业核心业务	执掌本企业年数	访谈时长（分钟）	访谈转录文本字数
1	A1	74	男	财务服务	22	131	26919
4	A2	48	男	特定材料加工	15	69	10522
5	A3	45	男	农副产品加工	12	77	20472
12	A4	62	男	专用设备制造	29	78	17548
13	A5	50	男	文化娱乐	10	89	19455
14	A6	65	男	农副产品加工	25	97	18168
15	A7	61	男	工业零件制造	20	80	11641
16	A8	55	男	养殖	28	51	10946
17	A9	60	男	日用品制造	27	86	18071
18	A10	45	男	养殖	13	75	20666
19	A11	63	男	能源化工	21	59	10227
20	A12	50	男	特定材料加工	27	63	15610
21	A13	47	男	特定材料加工	23（家族企业二代领导人，前期有父亲在背后坐镇）	90	25288
29	A14	44	男	工业零件制造（另有一个生态农场，但不足10年）	16	58	15107
34	A15	49	男	工程	13	42	8947
35	A16	59	男	专用设备制造	27	55	11613

研究对象序号	研究对象代码	年龄	性别	企业核心业务	执掌本企业年数	访谈时长（分钟）	访谈转录文本字数
36	A17	56	男	工程	17	72	17937
37	A18	56	男	专用设备制造	28	67	16417
38	A19	51	男	工程	14	46	10770
39	A20	52	男	专用设备制造	30	72	15442
40	A21	37	男	工程	11	57	13643
41	A22	58	男	水资源综合服务	23	76	17013
42	A23	38	女	技术服务	10	85	21561
43	A24	59	女	技术服务	21	91	24444

　　表3-2列出了文本研究对象的统计信息，包括研究对象序号、研究对象代码、姓名、文本类型及数量和研究文本总字数。用作研究数据的文本有该企业家本人亲撰或口述的著作；该企业家本人的讲话、访谈、对话或文章等素材的结集；多人讲话、访谈或文章等素材合集中属于该企业家的篇章；该企业家在期刊或报纸上刊登的署名文章；以及期刊或报纸刊登的该企业家的讲话、访谈或对话等。表3-3给出了每位文本研究对象的部分被研究文本示例。

表3-2　文本研究对象情况汇总

研究对象序号	研究对象代码	姓名	文本类型及数量					研究文本总字数**（万）
			亲撰/口述著作（本）	讲话/访谈/对话/文章等结集（本）	多人讲话/访谈/文章等合集中的析出（篇）	期刊/报纸文章（篇）	期刊/报纸刊登讲话/访谈/对话等*（篇）	
2	B1	张瑞敏		2	1	12	1	约36
3	B2	任正非		3		2		约133

研究对象序号	研究对象代码	姓名	文本类型及数量					研究文本总字数**（万）
			亲撰/口述著作（本）	讲话/访谈/对话/文章等结集（本）	多人讲话/访谈/文章等合集中的析出（篇）	期刊/报纸文章（篇）	期刊/报纸刊登讲话/访谈/对话等*（篇）	
6	B3	曹德旺	1				15	约 28
7	B4	鲁冠球		1	1	3	11	约 31
8	B5	吴仁宝		2				约 45
9	B6	柳传志	1		5	5	2	约 19
10	B7	王永庆	1	3				约 70
11	B8	霍英东	1	1				约 25
22	B9	宋志平	2	1	1	13	2	约 68
23	B10	马云		1	1		3	约 15
24	B11	刘长乐		3				约 25
25	B12	茅理翔	3		1	2		约 60
26	B13	董明珠	1		1	12		约 19
27	B14	朱江洪	1			1		约 22
28	B15	李书福	1			8	3	约 40
30	B16	梁伯强	1			3		约 18
31	B17	刘强东	1		1	13	1	约 15
32	B18	王健林		1		12	2	约 30
33	B19	储吉旺	3			1		约 70

注：　*在期刊或报纸版面中明示为讲话、访谈或对话等记录或节选；

　　　**若某文本在相当长一段内容中已无新概念产生，研究转入下一文本，该文本中未被研究部分不计入研究文本总字数。

表3-3 部分被研究文本示例

文本研究对象	部分文本示例
张瑞敏	《张瑞敏谈商录：中国第一CEO之终极管理哲学》、《海尔是海：张瑞敏随笔选录》、"海尔：人单合一对接物联网"（张瑞敏，2005；2015；2017b）
任正非	《华为方法论：任正非思想完整呈现》（上册、中册、下册）（咔嚓院长，2017a；2017b；2017c）
曹德旺	《心若菩提》、"中国梦必须要有自信"、"做不到这4条的人，不配做老板！"（曹德旺，2015；2017；2018）
鲁冠球	《鲁冠球集》、"靠诚实守信提升企业的价值"、"企业家要自我管理，无为而治"（鲁冠球，1999；2001；2012）
吴仁宝	《吴仁宝文集》（吴仁宝，2011）、《社会主义富华西：吴仁宝宣讲报告集萃》（《社会主义富华西：吴仁宝宣讲报告集萃》编委会，2011）
柳传志	《柳传志口述：我的管理哲学》、"柳传志：CEO不要自己堵在枪口上"、"领导班子如何建？柳传志这样说"（柳传志，2014；2018a；2018b）
王永庆	《王永庆谈经营管理·经营理念·管理哲学·工业发展》、《生根·深耕》、《商智：中国经营之神王永庆讲演录》（王永庆，1992；2001；2003）
霍英东	《我的参与：改革开放二十年》、《时局的生意：霍英东自述》（霍英东，2003；2013）
宋志平	《经营方略》、《笃行致远》、"企业的格局与能力"（宋志平，2016；2017a；2017b）
马云	《马云：未来已来，阿里巴巴的商业逻辑和纵深布局》（阿里巴巴集团，2017）、"今天是科学家和企业家的最好时代"、"开除永远成功的人"（马云，2018a；2018b）
刘长乐	《包容的智慧：传媒大亨与佛教宗师的对话》、《包容的智慧Ⅱ：修好这颗心》、《包容的智慧3：诚信的力量》（星云大师，刘长乐，2008；2010；2015）
茅理翔	《家业长青：构建中国特色现代家族制管理模式》、《百年传承：探索中国特色现代家族企业传承之道》、"传承的过程就是创新转型的过程"（茅理翔，2008；2013；2015）
董明珠	《行棋无悔》、"企业家要有担当"、"没有人才，一切归零；没有道德，人才归零"（董明珠，2006；2018；2019）

文本研究对象	部分文本示例
朱江洪	《朱江洪自传：我执掌格力的 24 年（1988—2012）》、"做企业就是在修行"（朱江洪，2017a；2017b）
李书福	《做人之道》、"敢为人先的首创精神是浙商的根"、"李书福的 40 年回望：我是如何让牛满意登上牛背的"（李书福，2010；2017；2019）
梁伯强	《非常小器的魔法辞典》、"不同阶段'赚钱'的比重不一样"、"兼顾所有利益参与者"（梁伯强，2008；2012；2014）
刘强东	《刘强东自述：我的经营模式》、"刘强东：我人生的三个重要选择是如何做的"、"第四次零售革命将把人类带入智能商业时代"（刘强东，2016；2018；2019）
王健林	《万达哲学：王健林首次自述经营之道》、"王健林：企业家精神的三大核心"、"万达走过的'坑'，请绕行"（王健林，2015；2017；2019）
储吉旺	《我与外商打交道》、《商旅风云》、《商旅心迹》（储吉旺，1997；2005；2010）

资料来源：本表由笔者依本研究情况整理制作。

3.3　数据收集和分析

3.3.1　数据收集和分析过程

在研究开始之前，笔者进行了相关文献的回顾，发现一些文献提示了个体管理思想形成的影响因素且使用了中国企业家样本，和本研究处在同一实质领域内。按照 Glaser（1998）的观点，本研究需要将这些文献结论纳入研究数据中并不断与收集到的数据进行对比、谨慎判断。因此，除了在数据收集过程中得到的数据，本研究用于分析和不断比较的数据还包括第 2.1 节和第 2.2 节中以中国企业家为样本的管理思想研究中所提出的管理思想影响因素。本研究在分析过程中给予那些因素特殊标记，并在不断比较过程中对其进行谨慎判断。

本研究的数据收集过程始于 2018 年 5 月，历时约两年半结束。在正式进行研究数据收集之前，本研究通过一个与符合研究对象基础要求的企业家的访谈来做预调研，以确认一些预先设计的访谈问题是否适合用作企业家访谈中的启发性问题。这名企业家与笔者相识较久且拥有博士学位，所以可以成为笔者与企业家世界之间的桥梁，对不恰当或者不易理解的问题进行坦诚沟通并给出修改建议。按照 Glaser（1992）的要求，研究者不直接向受访者询问具体的研究问题，以防诱导受访者的答案，而是询问与实践相关的问题，以最大限度获取非强迫性的数据。经调整后的启发性问题有"请您介绍一下公司诞生和成长的过程"，"您遇到过的印象最深的管理难题是什么，希望请您详细分享一下遇到或解决这个问题的过程"以及"从您创业/接管公司至今，有谁对您的管理思想影响比较大吗，是他们的什么话或什么事情影响了您呢"等。

进入正式数据收集阶段，本研究依次选定了 A1、B1、B2、A2 和 A3 为研究对象，直到完成对 A3 的分析时，获得核心范畴（core category）"管理思想的形成过程"，开放性编码阶段至此结束。经典扎根理论研究在研究者从现有数据中看到一个潜在理论时，确定核心范畴，结束开放性编码阶段，进入选择性编码阶段，将随后的数据分析限定在核心范畴及其相关概念上，并由核心范畴指导随后的数据收集（Glaser，1978）。

按照理论性抽样的原则，本研究随后依次选定了 B3 至 B8、A4 至 A13、B9 至 B15、A14、B16 至 B19 以及 A15 至 A24 为研究对象，以充实核心范畴及与其相关范畴。

随着研究的深入，本研究依据逐渐清晰的具体研究问题以及生成理论的需求，在访谈中先后加入了一些更有针对性的问题，例如，"您认为企业发展到什么阶段真正需要开始考虑管理问题"，"您今天的管理理念和您刚开始创立/接手公司的时候有什么不同吗"，"您认为企业最重要的资源是什么，为什么"以及"公司现在的管理制度和组织结构是何时制定的，可以请您描述一下当时的故事吗"等。

在本研究中，对于研究对象的数据收集止于对 A23 和 A24 的访谈。这两次访谈所收集到的数据仅对现有范畴进行了强化，新增概念仅为本研究中一级范畴之属性、维度或构成要素的具体表现或内容，并没有为理论构建提供新的高层级概念。扎根理论认为数据收集终止于数据分析结果展示出获得理论饱和之时。扎根理论的数据收集和数据分析交互进行。数据收集的终止是因为理论的饱和，而不是访谈数量"够了"（Suddaby，2006）。研究者通常认为达到理论饱和的信号有：信息的重复出现和对现有范畴的确认（Suddaby，2006），在最后几次访谈中已经不再有新的理论观点出现（Božič et al.，2020），新收集的数据不再有新的范畴和属性出现（Glaser，2001；Werkander Harstäde & Sandgren，2020）等。

至此，研究转入理论性编码阶段，根据发现的核心范畴进行理论性编码，形成理论模型。

考虑到本研究所关注的是企业家的一种思维产品的产出过程，属于一种思维行动过程，为了给研究结果多加一层保险、再次确认研究者对所收集数据和企业家思维的理解没有出现明显疏漏和偏差、并且初步检验一下研究结果的效度，笔者将形成的理论模型拿给了此前未参与研究但符合研究对象条件的两位企业家并与之进行面谈，得到他们的反馈，均认为现有模型中没有不恰当之处，模型中的一些内容反映了他们自己的思维习惯，并且此模型对他们来说有很大的学习价值。

3.3.2　数据收集方法

本小节对数据收集方法以及数据收集过程中的相关问题进行阐述。本研究采用多来源的数据收集，所收集的数据中既有访谈数据，也有文本数据。使用访谈法收集数据的优势在于针对性强、灵活性强、有非文字信息的辅助、可以通过沟通和交流建立受访者与访谈者之间一定程度的信任而且可以追根究底（Saunders et al.，2009）。收集已公开发表的文本作为研究数据的优势则主要在于严谨性和确定性，文本本身已经客观存在且不会因为研究主题或受到数据收集者的暗示而有内容或措辞上的调整。而且，企业家通常有足够的时间来思考和确认所表达出来的文字是他真实意思的表达。两种收集方式所得到的数据之优势相辅相成，还能通过不断比较来彼此验证并且补足短板。

（1）半结构化访谈

访谈是具有特定目的并遵从一定规则的针对特定话题进行的交谈（陈向明，2000）。在这个过程中，受访者会努力去解释自己过去的经历和行为，而访谈者的主要角色是去观察、聆听、做出回应并推动受访者的讲述（Charmaz，2006）。半结构化访谈允许访谈者带着预设的一系列开放式问题，启发受访者对相关主题进行探讨并继而与受访者进行回应性对话，还可以根据现场情况调整具体问题和问题的次序，是既具开放性又有方向性的对话方法，同时还让访谈者可以控制访谈时间（Saunders et al.，2009）。开放式问题，如"为什么""如何""是什么"等问题，可以让受访者对定义、情境或者事件进行描述并自主选择和组织进行回答的方式（Saunders et al.，2009）。

在本研究中，笔者在协助研究者的陪同下，对访谈对象一一进行了线下或线上的半结构化访谈。每次访谈的时长在 42 分钟至 131 分钟。对 A1 至 A14 的访谈在受访者所在企业中进行，通常在会议室中或者受访者的办公室中，由此希望可以让受访者在熟悉的日常工作环境中更自如地与笔者谈话、更易回想起与此场景、与工作有关的经历。对 A15 至 A24 的访谈均处于新冠肺炎疫情期间，在每次约好访谈时间到正式访谈前笔者都密切关注新冠肺炎疫情态势，不断评估到企业中与企业家进行面对面访谈对研究的益处和可能给新冠肺炎疫情防控及双方安全所带来的风险，并与受访企业家沟通确定适宜的访谈方式。遗憾的是，每每经过抉择后笔者和企业家都最终选择了更加稳妥的线上访谈方式。访谈以受访者多说、笔者少说的方式进行，并请受访者多用实例和细节回答问题，以期可以获得更多、更深入的数据。本研究在访谈过程中通过录音以完整保留受访者的语言方式、意思表达和特殊用词，保留下受访者的原词原句、企业实践中的用语和情境信息。在转录出的文本中，不仅记录有完整的对话内容，还在有特点的语气、停顿、大笑和其他明显情绪等非语言信息处做有标记。

对本研究中的所有受访者，笔者都预先发送了"调研说明"，对匿名性和访谈内容的用途做出了承诺，尽力解除受访者在隐私和后续相关问题上的忧虑；在访谈开始前再次对访谈内容的用途进行说明，以便受访者充分了解访谈意图。

在访谈过程中，当受访者表示不愿意回答某一问题时，笔者便跳过该问题，继续与受访者讨论其他问题。当受访者在回答某问题或描述某件事、某段经历时表现得非常痛苦，笔者寻找可以打断的时机并询问受访者是否想要继续这段回答或叙述，尊重受访者的意愿。

（2）关于研究中的主观意识

经典扎根理论希望研究者以观察者的角度来收集和分析数据。而研究者往往难以完全避免将自己的偏见、世界观和基本假设等融入数据收集和分析过程中（Suddaby，2006）。笔者和协助研究者在研究过程中始终注意这种影响存在的可能，保持自我警示并尽力剔除这种影响，以降低自身偏见、观念和假设对研究的影响，并通过访谈录音、对访谈笔记先进行校验再整理进备忘录和对编码进行对比校验等方式提高数据收集的信度和数据分析的信效度。

（3）文本研究对象的数据收集

考虑到本研究是对企业家思维行动的探索，所以企业家本人最能够准确表述出相关线索，出自于他人之手的公司文件和其他研究都难以脱离他人对企业家思想来源及其想法的推测，难以精准地提供本研究需要的信息。基于这种考虑，本研究收集出自被研究企业家本人的语言和文字，即企业家的讲话、访谈、文章和著作等作为该文本研究对象的数据。对于每一位文本研究对象，本研究采用边收集边分析的方法，从其署名文本中选择可能与本研究内容相关的文本。当在相当长的一段文本中已无新概念（包括范畴和属性）产生时，研究转向下一文本，此时优先选择与已研究文本时间相距较远的文本。如此往复，若在接下来的两个文本中仍未产生新概念，或者已无可获取的新文本，则结束对该研究对象的数据收集和分析。

3.3.3 数据分析方法

经典扎根理论的核心数据分析方法有：编码、不断比较和备忘录（Hale & Phillips，2019）。质性研究脱离不了文本研究，而文本分析方法在本研究中具有非常重要的作用。本研究也使用了一些工具性计算机软件以辅助数据分析过程。

（1）经典扎根理论的编码程序

经典扎根理论编码程序的第一步是开放性编码。它是不断比较的起始阶段，是将数据打碎再逐级概念化的过程，也是将编码限定在核心范畴及其属性（property）之前的步骤（Glaser & Strauss, 1967; Glaser, 1992）。概念（concept）是一组描述性事件中的内涵、意义、一致性或者模式；范畴和属性都是概念；范畴具有更高级的抽象性，是概念的类别；属性是有关对应范畴的一个概念，具有较低级的抽象性，是概念的概念（Glaser, 1992; Glaser, 1998）。经典扎根理论的范畴按照概念层级从高到低依次对应核心范畴、子核心范畴（subcore category）和其他用于实现理论饱和的范畴（Glaser, 1998）。其中，核心范畴关联绝大多数其他范畴和属性且可以通过这些关系涵盖被研究的实质领域中大部分正发生的行为；与核心范畴相关程度极大的范畴被称为子核心范畴（Glaser, 1998）。当核心范畴产生后，开放性编码结束（Glaser, 1992）。

在本研究中，每部分编码都是经过对笔者所做编码与协助研究者所做编码进行对比校验后确定的。在开放性编码阶段，笔者和协助研究者均保持着开放的头脑，准备接收数据中传递出来的各种可能性信息，不对编码进行预先设想；效仿周冬梅等（2020）的做法，尽可能保留了研究对象的原词，而不过早、武断地用自己的学术背景中的用词草率地对其"想当然"地概念化，以利于对情境的保留和避免在主观影响下误解、误读企业家原本的意思，最终，本研究得到了六级开放性编码。

最早的经典扎根理论要求对数据进行逐行编码（Glaser, 1978），但逐行编码有时不能反映完整的逻辑和意义。固守于逐行编码可能会导致有意义的信息不能被完整捕捉，反而得到过于碎片化的信息。Glaser（1992）后来也对经典扎根理论进行了发展，提出进行开放性编码的方法有好几种，比如逐词、逐行、逐句、逐段、逐事件甚至逐个文件进行编码，但基本分析单元是不能够被预设的，应当根据数据的类型、数据收集者技术水平的差异、访谈或观察的种类以及数据中观点的疏密程度等具体情况，进行选择。在本研究中，出于观点疏密程度的考虑，对于文本研究对象的署名书籍、访谈和演讲等，先由笔者摘录出与本研究主题相关的内容，再由笔者和协助访谈者对摘录内容进行编码。笔者和协助访谈者对于访谈数据和摘录内容依据观点疏密程度、意思完整性和企业家话语中的意群，逐词、逐行、逐句和逐事件灵活地进行编码。

在通过开放性编码得到核心范畴后，本研究开始进行选择性编码。选择性编码是经典扎根理论编码程序的第二步。它的开始标志着开放性编码的结束，标志着研究者很确定自己已经从不断比较和数据分析中找到了核心范畴（Glaser，1992）。在选择性编码的过程中，研究者将编码限定在那些和核心范畴有关的、显著贡献于一个简约理论的那些编码和范畴，在核心范畴的指导下进行后面的数据收集，将与核心范畴有关的其他具有核心范畴潜质的范畴视作此研究中的辅助角色（Glaser，1978）。

经典扎根理论编码程序的第三步是理论性编码。研究的理论构建工作主要通过这一步完成（贾旭东，谭新辉，2010）。在这一步中，研究者在实质性编码的基础上，对范畴间关系和范畴及其属性的概念性关系进行揭示，建立其他范畴和编码与核心范畴的关系，形成拟生成理论中的假设（Glaser，1978）。在实际操作中，研究者通常在判断饱和后，再开始理论性编码阶段，并基于对备忘录的整理，梳理和构建范畴间的关系（如，Werkander Harstäde & Sandgren，2020；Thompson et al.，2019）。本研究采用同样的方法，在判断理论饱和后，进入理论性编码阶段。此阶段结束时，本研究的全部编码程序结束。

（2）备忘录

备忘录是对研究过程中迸发出来的关于编码及其相互关系的理论化整理；备忘录的撰写不间断地伴随着研究过程，从开始对数据编码一直延续到阅读备忘录、文献，整理和撰写论文；它持续地记录着分析者最前沿的想法（Glaser，1978）。在经典扎根理论中，备忘录的撰写有四个基本目标：理论性地发展观点，自由地记录观点，建立可以为写作和授课提供素材的备忘录库以及使备忘录具备高度的可整理性

（Glaser，1978）。虽然扎根理论有系统化的数据分析和编码过程，但它强调研究者的理论敏感性，它并不是固化、程式化的分析技术（Suddaby，2006）。所以备忘录在数据分析过程中起着相当重要的作用。

在本研究中，笔者和协助研究者都使用研究备忘录记录从数据分析开始随时产生的关于数据、编码、概念、属性、范畴、关系和理论构建等各方面的思考、想法、灵感、诠释和观点。研究备忘录在本研究中不仅被用于辅助理论建构，也用于笔者和协助研究者在研究过程中保持自我审视。笔者在本书撰写过程中，仍然在往自己的备忘录中添加内容，以备后续研究使用。

（3）不断比较

不断比较几乎体现在扎根理论研究的数据收集和分析的全过程中：理论性抽样需要不断比较方法的支持；数据收集和数据分析的交互进行是不断比较的表现；它是研究早期备忘录的主要来源，是编码过程中概念化的可靠方法，也是判断理论饱和的重要手段（Glaser，1978；吴刚，2013）。不断比较可以是同范畴内概念与概念的比较，整合范畴及其属性时概念与范畴属性的比较，限定理论和范畴时属性与属性的比较和范畴与范畴的比较，调整和进一步发展生成理论时分析结果与外部文献的比较，以及写作过程中备忘录与备忘录的比较（Glaser & Strauss，1967；Glaser，1992）。在本研究中，不断比较的方法被充分应用于数据收集和数据分析的过程之中。

（4）文本分析

文本不仅以语言形式存在，也以非语言形式存在（诺德，2013）。人们的言行特征在社会现实的影响之下自然产生，又强化了社会现实，而且人们的思考方式、语言和表述都会被发展着的社会文化所建构（王明珂，2016）。在对文本进行研究时，应尽可能把文本放在他们原本的语境中去，不仅考虑文内信息，也考虑文本生成的时间、发送者、发送者的意图、接受者、传播的渠道和媒介、地点、发送者的动机和文本的功能等文本外的信息（诺德，2013）。

文本分析的方法和思想对扎根理论的编码过程和不断比较起到了

辅助作用。虽然本研究依托于经典扎根理论方法，但也不忽视其他研究方法可以给本研究带来的益处，并将其融合进来。在扎根理论的数据分析过程中，文本分析的思想可以帮助研究者将收集到的文本放到对应的文本背景中，在数据的编码和概念化过程中帮助研究者做更准确的比较（Charmaz，2006）。

文本分析对于数据与数据之间、概念与概念之间、关系与关系之间的不断比较尤其具有指导作用。它往往可以辅助研究者解读数据间看似不一致、甚至矛盾，但实际内有乾坤的地方。例如，根据文本分析的思想，在本研究中，如果同一位企业家在不同文本中对同一问题表述了不同的看法，在对数据进行比较时，笔者和协助研究者会考虑列出这两次表述的时间、场合、对象、社会主流思想发展等因素，并进而挖掘出相关概念及概念之间更丰富的含义和关系。

（5）分析辅助工具

在本研究中，用于辅助数据分析的计算机软件主要是：Excel、FreeMind 和 Visio。Excel 主要用于开放性编码和选择性编码的过程。思维导图软件 FreeMind 主要用于建立编码与编码、编码与范畴以及范畴与范畴之间关系的过程。在理论性编码过程中，Visio 和最传统的分析工具"手绘草图"一起辅助了分析。

3.4 研究的信度和效度

本研究采用了一系列措施为研究的信度和效度提供保障。

为提升研究信度，第一，本研究在访谈中设计可以相互验证的问题，请受访者在描述或回答中尽量提供例证、过程和细节，从受访者对多个访谈问题的回答中进行一致性和连贯性检验，由此为所收集访谈数据的可靠性加一层保障。在访谈中设计可相互验证的问题还有利于觉察受访者在面对不同问题时的偏差，也可以检验研究者对受访者回答的理解，降低受访者和研究者的偏见对研究信度的威胁（Saunders et al.，2009）。第二，为加强所收集文本数据的可靠性，笔者和协助研究者在不断比较中持续对企业家各文本资料中信息的一致性进行检验。凡是遇到不一致的地方，笔者和协助研究者进行探讨，慎重判断合理解释的存在并记录在研究备忘录中。研究过程中未遇到未通过检验又找不到合理解释的数据。第三，本研究通过录音对访谈内容进行记录以确保对受访者回答的准确保留。第四，笔者在协助研究者的陪同下进行访谈，两人对访谈中收集到的非语言信息进行校验。第五，笔者和三位协助研究者参与到编码过程中，在预先统一理念与标准的情况下，每部分编码都由笔者与一位协助研究者在各自进行编码后，将所做编码进行对比、校验，确认一致性，针对不一致的编码进行讨论和修正。在正式数据分析开始前，四人先对预调研所获数据各自进行编码分析，随后集中进行编码的对比和讨论，明确编码的理念和标准等。在正式数据分析中，对于笔者与协助研究者编码不一致的数据，笔者与该协助研究者两人先进行讨论；如当次讨论两人无法统一意见，则将其做标记、留待下次校验，即更多证据出现后再次讨论；如对下批编码的校验结束后，两人仍未对遗留的不一致达成统一意见，则请第三人对该数据进行独立编码并随后参与讨论。

在此基础上，本研究采用了下列方法进一步加强研究效度。第一，本研究采用多来源的数据，并在数据分析的过程中持续使用"三角验证"的思想，对从访谈中和从其他文本资料中所得到的概念间关系进行不断比较，增加研究的内部效度。以支持本研究为目的而产生的访谈数据和并非以回答研究问题为目的而出现的其他文本资料互为补充。多来源的数据收集可以使来自不同数据源的分析结果得到对比，为研究结果提供更坚实的证据或促使研究者进行更谨慎的思考（Eisenhardt，1989）。第二，本研究采用预调研打磨访谈问题，增加访谈所提问题和所获数据的有效性。第三，笔者和协助研究者在研究过程中始终保持自我审视，注意尽力削弱自身偏见、观念和基本假设等对研究的影响。第四，笔者和协助研究者按照经典扎根理论数据分析的要求系统地、规范地、不断比较地进行编码，充分利用备忘录及时记录和比较概念间关系的证据，以准确提炼证据中所展现的关系。第五，本研究在数据分析过程中，将本研究得到的概念和概念间关系与同一实质领域内文献的有关发现持续进行比较，加强最终研究结果的有效性。

在外部效度上，虽然相较于大样本的量化研究，质性研究不占优势，但本研究依据理论性抽样法进行样本选择，以达到理论饱和为信号停止数据收集，对不同地域、代际、行业、企业类型的企业家具有相当程度的覆盖性，相当程度上汲取了全国范围内的知名企业家和地域范围内的成功企业家在管理思想形成上的经验，尽力保障了研究的外部效度。本研究的样本中包含扎根于中国东部地区、中部地区、西部地区和东北地区的企业家（具体包含扎根于北京市、山东省、浙江省、江苏省、福建省、广东省、香港特别行政区、台湾省、河南省、山西省、陕西省、辽宁省等地的企业家）；包含出生于 20 世纪前期、中期和后期的企业家（具体包含出生于 20 世纪最初的 10 年、20 世纪 20 年代、40 年代、50 年代、60 年代、70 年代和 80 年代的企业家）；包含所掌管或曾掌管的企业归属于第一产业、第二产业和第三产业的企业家；包含掌管或曾掌管国有企业、集体企业、有限责任公司、股份有限公司、私营企业和中外合作经营企业等类型企业的企业家。虽然本研究未能更详尽地覆盖中国全部省级行政区、全代际、全行业门类、全企业类型的优秀企业家，在外部效度方面仍存在提高空间，但是本研究获得了理论饱和且符合研究所用方法的特点：扎根理论是用于提出假设而不是用于验证和检测的方法论（Glaser，1992）；质性研究的目的并不是追求普遍化，其样本也不是要代表更大的人口群体（Charmaz，2006）。此外，借鉴 Božič 等（2020）的做法，笔者将研究得到的理论模型展示给两位具有丰富实践经验的成功企业家，询问他们是否存在不合理或疏漏之处。这两位企业家表示了对该理论模型的认同，并表示该模型已经覆盖了他们在相关问题上的思维习惯。这一结果也支持了研究结果的有效性。

3.5　本章小结

本章对研究方法和研究过程进行了详细阐述，汇报了在研究过程中所使用的用以提高本研究信度和效度的多种方法。本研究总体上基于经典扎根理论方法进行质性研究。在具体研究过程中，主要应用经典扎根理论的一系列研究方法，但在部分细节上，依据本研究的特点，在与经典扎根理论基本原则和精神不矛盾的前提下，进行适度调整。本研究进行多渠道数据收集，通过经典扎根理论编码分析过程结合文本分析法进行数据分析，通过多种方法确保本研究具有较好的信度和效度。

第4章 中国企业家管理思想形成过程之阶段一：部分管理思想产生过程

　　本研究通过数据收集发现，中国企业家在不同情境中，以不同的方式传播着自己的管理思想。在访谈中，企业家对于自己的创业史往往如数家珍，对其中的坎坷、困难和自己当时的心路历程更是记忆犹新。他们会思维清晰地将企业的发展历程划分为几个阶段，而阶段节点往往伴随着重要事件的发生。企业家的自传中往往以描述个人经历、创业过程、企业发展过程以及心路历程为主。企业家的演讲往往将要求、要点和结果等具有结论性的"干货"放在首要位置直接输出，而将得出这些结论的逻辑、过程和支撑材料放在后面的内容中或穿插地或隐性地进行介绍，或者不介绍。

　　本研究在开放性编码阶段获得了六级共计1621个编码，范畴"管理思想的形成过程"在开放性编码中得到了五级共计1564个编码的支持，成为本研究的核心范畴。本研究在选择性编码阶段获得了六级共计4383个编码，编码按照概念层级从高到低分别对应核心范畴、子核心范畴、二级范畴、一级范畴、一级范畴的属性、维度或构成要素以及具体表现或内容。研究得到：核心范畴"管理思想的形成过程"，三个子核心范畴"管理思想的产生""管理思想的系统性衍生"和"管理思想的变化"，各子核心范畴之下包含的二级范畴，各二级范畴下包含的一级范畴，各一级范畴的属性、维度或构成要素以及对应的具体表现或内容。

　　中国企业家管理思想的形成实际上涉及三段过程：第一，企业家管理思想之外的因素经由企业家一步步地加工，促使企业家形成一部分自己的管理思想；第二，企业家已产生的管理思想衍生出其他相关管理思想，企业家形成体系化的一系列管理思想，并逐步建立和丰富自己的管理思想体系；第三，在一些情况下，企业家已经形成的管理思想又会受到一些现象、事件等的激发而发生微小的、局部的或者根本性的变化，并进而引发企业家管理思想体系的变化。本章、第五章和第六章分别对三段过程及其相对应的理论构建进行阐述，即对三个子核心范畴及其内部构成要素和要素间关系进行剖析。第七章展示这三段过程之间的关系和结合，并对最终形成的理论模型，即"中国企业家管理思想形成过程模型"，进行全局性阐述和讨论。

本章对中国企业家管理思想形成的第一阶段进行阐述。第一节阐述本阶段的构成概要。第二节逐一对中国企业家部分管理思想的产生过程中所涉及的各类要素及其构成，即子核心范畴"管理思想的产生"下的各二级范畴及其构成，结合编码和实例，进行详细阐述。在分开介绍各类要素之后，第三节对各类要素在部分管理思想产生过程中的位置和作用方式及中国企业家产生部分管理思想的过程，即子核心范畴"管理思想的产生"内的理论性编码，进行阐述。第四节是本章小结。

4.1　中国企业家部分管理思想产生过程构成概要

中国企业家部分管理思想的产生是其管理思想形成的第一阶段。在这一阶段中，如图 4 – 1 所示，有不少企业家管理思想体系外的因素都对中国企业家的管理思想产生着影响，其中有以企业内部脑力资源、中国素材、外国素材和世界公共知识等为代表的一系列可以通过各种方式被企业家用于管理思想创新的管理信息和素材，有以企业家个人的心理状态和行为习惯等为代表的企业家长期保持的日常状态，有以个人经验与体会、个人继承和吸收所得、对市场竞争的认识和知识积累等为代表的一系列企业家个人积累，有以系统性思维、悟性思维、迁移思维和逆向思维等为代表的企业家惯用于处理和加工所获信息的思维方式，有以中国式管理的意识和对中国实际情况的理解和判断等为代表的企业家对中国情境的分析，有以企业家解决企业现有问题、寻求不同于其他组织的做法和打造更好的"自己"等为代表的企业家形成自己的、新的、不同于以往或不同于他人的管理思想的动机，还有以肯定式直接陈述、问句强调式表述、即破即立式表述和类比式表述等表述方式为代表的企业家个人惯用的表述思想的语言习惯。企业家管理思想体系之外的这些因素中不仅有可以被公众获取的、已客观存在的公共信息，可以被特定群体获得的群体内信息，更重要的是，还有企业家个人除了管理思想之外的、其他方面的思想。换句话说，管理思想形成的过程大比例地依赖于企业家的个体思维过程。

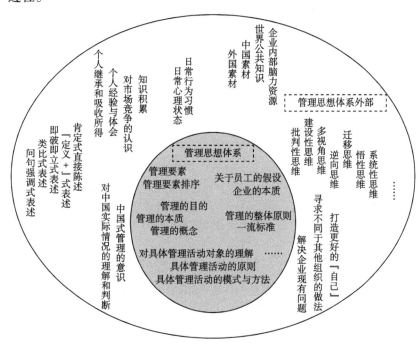

图4-1 中国企业家管理思想形成的部分影响因素

在图4-1中，管理思想体系外部所展示的因素对应于子核心范畴"管理思想的产生"下的部分一级范畴。这些一级范畴分别归属于六个二级范畴："利于管理思想产生的日常状态""形成管理思想的动机""个人积累""对中国情境的分析""思维方式""对素材的应用"和"管理思想的表述形式"。子核心范畴"管理思想的产生"在开放性编码阶段得到了四级共计635个编码的支持，在选择性编码阶段得到了四级共计1837个编码的支持。图4-1中的管理思想体系圈内所展示的是子核心范畴"管理思想的系统性衍生"下的部分一级范畴，它们分别归属于五个二级范畴，这一点将在第五章中详细展开。

表4-1给出了归属于子核心范畴"管理思想的产生"的部分原始数据及其对应编码的示例。

表4-1 原始数据和编码示例一

研究对象编号	原始数据	编码
A1	"我们这个年纪了吧，就得抓住一切机会来学习新的东西，才能一直有新的想法出来，不然怎么带得住这帮年轻小孩啊。"	抓住一切机会获取新信息
A1	"除了好几级大风那种极端天气外，无论晴天、雨天还是雪天，都坚持每周自己爬一座山，到山顶之后我会自己坐上一两个小时，就是做发散性的思考，看看自己这周都遇到了什么，做了什么。往往这时候就能产生很多新的想法。"	定期自我隔离静思、自省
A1	"现在很多书里老讲领导力培训……管理者和领导肯定是有区别的，领导是要定方向的，我们和那些团队型组织不一样，我们有一个领导就够了。就我们目前的情况来看，普通管理者的职责就是管理，绝不是领导。带着几个人就把自己当领导，都开始寻找'独立风格'和'独立意志'不就乱套了嘛。"	对管理学知识的重新思考
A2	"你时不时地得提醒着自己，做企业是件很刺激的事情，逼迫自己不停思考。"	惊险感；不停思考
A2	"对于这件事情，我们不算是动手最早的，南方有些企业两年前就已经在做了，我们如果和他们一样，就算什么错误都不犯，也得永远跟在后面，所以我们必须得有突破，得和他们不一样，得比他们跑得快才有希望。我们现在技术上已经算是挺先进的了，直接从德国引进了技术和设备，还在他们的技术之上做了改进，但是南方有两个发展早的企业，他们也有先进的技术。所以在管理上我们也得突破，才能把技术上的优势给发挥出来，把优势扩大。"	打破作为追随者的局面；寻求不同于其他组织的做法
A2	"搞企业不是做学问，没有人把所有东西都写好放在那里等你学，得自己悟。"	悟

4.2 中国企业家部分管理思想产生过程七大类要素及其构成

4.2.1 产生过程要素一：企业家利于管理思想产生的日常状态

在研究过程中，笔者最深刻的调研感受是大多数受访企业家都要求自己保持相当程度的警醒和思维的活跃度。很多企业家都保持着定期去上海、深圳等地感受市场、竞争和潮流的习惯——一方面是观测、把握乃至预测动向、趋势和商机；更重要的一方面是让快节奏和高度竞争的环境不断刺激自己，以保持紧张和警醒的状态。具有国际视野的或者涉及国际业务的企业家中几乎没有人会放过任何一次出国的机会，无论是在商务行程还是私人旅行中，只要条件允许，都会顺便去"主题性"地造访当地的一些企业及商业环境中的组成单位，如行业商会和行业主管部门等。这里的"主题性"是指企业家往往不局限于本行业，而是根据所到访地区的特点，每次设定一个特定的行业进行走访。

经过对访谈数据和文本数据的编码分析，本研究发现，企业家利于产生自己管理思想的日常状态由两部分内容构成：日常行为习惯和日常心理状态。企业家的日常状态是指对企业家来说已经成为常规的习惯和心理状态等。企业家的日常行为习惯是指企业家每隔一段时间就会做的行为，其发生的频率较高，每次间隔的时间也短，具有规律性，可以是每天、每几天或者每周都会发生的，也可以是每次遇到特定的情况就会发生的特定行为。企业家的日常心理状态则是企业家长久保持的、习以为常的心理状态，可以是无意识的，也可以是刻意保持的。

本研究发现，成功形成有效管理思想的企业家会有以下四种主要的日常行为习惯：充分汲取信息、及时更新认识、高频自我审视和进现场找问题。具体来说，充分汲取信息的典型具体表现可以是广泛、大量地寻找资料进行阅读，也可以是通过反复阅读或者隔一段时间后再重新进行阅读等方式对一份有价值的资料中的信息进行充分的汲取等。很多作为研究对象的企业家都显示出了及时更新认识的特征，并且展现了该特征对于形成自己管理思想的重要作用。及时更新认识的典型表现有保持对世界新管理模式的关注、不错过任何可以到先进市场采风的机会、积极参加和组织研讨以及随时随地捕捉灵感等。高频自我审视是这里的第三种行为习惯。其典型行为有每天问自己几个问题以自省，比如张瑞敏（2005）每天问自己的三个问题——企业目标、企业对手以及企业的经营对象；有"除了好几级大风那种极端天气外，无论晴天、雨天还是雪天，都坚持每周自己爬一座山，到山顶之后我会自己坐上一两个小时，就是做发散性的思考，看看自己这周都遇到了什么，做了什么"（A1）；有定期到激烈竞争的市场中去感受和体验以保持自身状态；还有做极限运动以探求心灵深处的东西等。第四种行为是进现场找问题。其典型表现有下生产一线观察，到现场去体验、感觉、发现问题，以及通过共进午餐等方式和一线员工多接触等。

企业家利于管理思想产生的日常心理状态主要有五种，分别是："走钢丝的感觉"（张瑞敏，2005，p. 146）、在逆境中坚强挺进、坚持创新、意识到自身有不足和战胜自我。"走钢丝的感觉"采用的是张瑞敏（2005，p. 146）的用词，它所表达的是一种危机感、险中求生甚至险中求胜的感觉。去寻找这种感觉的用意在于"让自己的大脑、神经和思维时时刻刻在运转"（A7），并且提醒自己"做企业是件很刺激的事情"（A2），要有危机感，"不能过得舒服、安逸"（A6）。在逆境中坚强挺进的状态是在竞争中决心面对逆境、硬着头皮迎接打击、坚强成长、誓要走出逆境的状态。其余的三种状态含义不同但相互关联且具有一致性。企业家会意识到自身有不足，或者说认为现有的自我不够美好，认识到自己有问题或感觉到自己需要学习。有了这样的心态自然能认识到自己有更好的可能性，可以挑战自我并不断追求更高的目标，于是有了战胜自我的心态。战胜自我和更高目标的实现往往伴随着成功的创新而发生，所以战胜自我的心理状态与坚持创新的心理状态也具有一致性。

图 4 - 2 展示了本部分中的主要选择性编码，由于篇幅原因，省

去了大量概念层次处于最低一级的选择性编码。

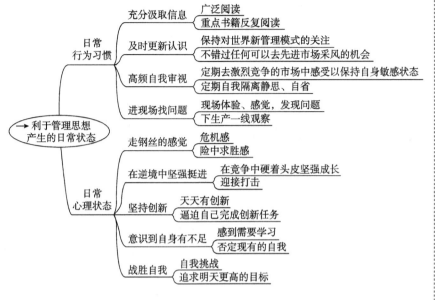

图 4-2 主要选择性编码一

4.2.2 产生过程要素二：形成管理思想的动机

企业家管理思想的形成动机按照紧迫程度主要可以划分为三类。企业家往往为了解决企业现有问题、寻求不同于其他组织的做法或打造更好的"自己"而致力于形成自己的管理思想。这里的"自己"指的是企业家的企业而非企业家本人。如图 4-3 所示，上述三类动机所关注的问题对企业来说分别是影响企业健康生存的制约性问题或者影响企业做大做强、健康成长的发展性问题。

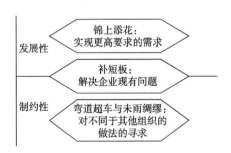

图 4-3 中国企业家形成管理思想的三类动机

解决企业现有问题具有"补短板"的性质，比如解决员工反复发生的行为问题或不符合企业发展要求的旧观念等问题；解决部门或岗位职能运行不畅、渠道需要疏通、障碍需要扫除或部门间存在权责冲突等企业内部结构性问题；解决本企业的产品在特定市场不好用或技术人员开发产品与市场需求不匹配等市场上的难题。这类"补短板"的需求针对的是企业已经暴露出来的、掣肘的、切实制约企业发展的问题。这类问题本身就是企业发展的缺陷和短板，亟待得到有效处理。

例如，海尔当年的冰箱质量问题引发了张瑞敏（2005）对质量管理的思考，并为了让员工改掉旧的质量观念、接受新的质量观念、给员工形成强刺激，产生了砸冰箱行为。又例如，A4发现公司明明在强调生产风险并且有一系列风险管理规章制度的情况下，还是发生了明显应该被风险管理控制住的生产问题，比如老鼠啃咬电线造成的短路问题，于是发现存在涉及多部门的生产风险问题无人负责也无人有足够权限处理的情况，所以为了解决此类问题加设了专门的风险管理部门。

寻求不同于其他组织的做法具有"未雨绸缪"和"弯道超车"的性质。此类动机主要包含四种情况：避免相似企业常有的问题、解决普遍的管理难题、从其他组织的管理实践中汲取教训和不能固守其他同行的经验。前三种情况的核心目的在于以他人的失败或教训为戒，通过寻求不同的做法以避免企业重蹈他人覆辙，相当于使用他人的经验教训来剔除错误做法。因此，企业家在已知错误道路的情况下，需要自己寻找到一条正确道路。在此类动机催生下产生的管理思想有利于企业家在自身企业付出代价甚至付出惨重代价之前，将问题扼杀在潜伏期，进一步寻求弯道超车式的发展。第四种情况是：当企业家希望寻求本企业在业内地位的突破、想要打破作为跟随者的局面、想要改变行业现状或者改造业内原有观念时，就不想再固守同行现有的发展路径和做法，不再想和前人同速、同轨迹行驶，不再愿意"跟在后面"，他们要另辟蹊径以便实现"弯道超车"，就像A2所说的那样。

对于这件事情，我们不算是动手最早的，南方有些企业两年前就已经在做了，我们如果和他们一样，就算什么错误都不犯，也得永远跟在后面，所以我们必须得有突破，得和他们不一样，得比他们跑得快才有希望。我们现在技术上已经算是挺先进的了，直接从德国引进了技术和设备，还在他们的技术之上做了改进，但是南方有两个发展早的企业，他们也有先进的技术。所以在管理上我们也得突破，才能把技术上的优势给发挥出来，把优势扩大。（A2）

第三类动机是打造更好的"自己"，即让企业变得更好，具有"锦上添花"的性质。此类动机主要包括超越榜样、满足用户的要求和满足员工的要求三种情况。具体来说，例如追赶榜样、缩短与榜样的距离、树立新的标杆、提供更优质的服务、提供更快速的响应、帮助员工实现自我价值和帮助员工寻求自我突破等。此类动机催生下产生的管理思想主要是为企业更进一步的、更长远的发展服务，针对的往往是企业的发展性问题。

图4-4展示了本部分中的主要选择性编码，由于篇幅原因，省去了大量概念层次处于最低一级的选择性编码。

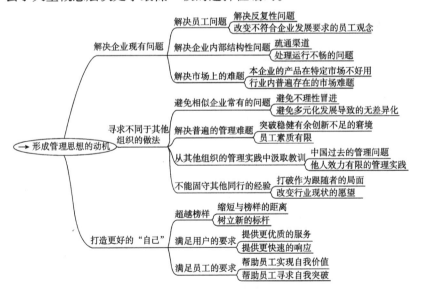

图4-4 主要选择性编码二

4.2.3 产生过程要素三：个人积累

以日常行为习惯和日常心理状态为主体的利于企业家管理思想产生的日常状态影响着企业家的个人积累。成功的企业家往往有丰富的个人脑力资源储备，这些企业家往往不仅知识面宽，掌握着厚实的业务和经营管理知识，还拥有丰富的经验、体会和心得。对本研究中企业家的管理思想产生影响的企业家个人积累主要有以下四个方面的内容：个人经验和体会、个人继承和吸收所得、对市场竞争的认识及知识积累。

企业家的个人经验和体会包括的不仅有作为企业人的经验，有曾经在其他身份经历中获得的体会（比如，在从政、从军、从教或作为农民工的经历中所获得的体会），还有在个体所经历的重要事件中获得的体会。企业家的个人经验不仅包括身为管理者的实践经验，也包括作为被管理者的经验等。在成为管理者之前，企业家往往也有作为被管理者的经历。将这种经历中积攒下来的体会和心得带入管理活动中，往往可以帮助企业家通过转换视角来实现思维的突破，产生新的、匹配行为对象的、更能切中要害的管理思想，就像 A7 所说的那样。

> 我也不是一上来就对管理有想法的，我从刚工作就在这个厂子当学徒，到后来领导看我做得好让我开始做管理工作，刚上任的时候我就靠着以前被人管的经历去将心比心，在权限范围内去一点点调整以前老的管理办法，慢慢地也就越来越被大家认可，团队的绩效也越来越好。（A7）

本研究中的大量企业家都有在企业中作为被管理者的经验，他们中的不少人还有企业外的经历，这些经历给他们留下的经验和体会也对他们管理思想的产生过程、表达方式和管理思想内容本身有着重要影响。除了企业家外，他们所拥有过的最多的身份分别是公务员、军人、农民工和教师。在本研究中，曾经做过公务员的企业家的显著特点之一就是他们在管理上往往更有大局观，更加注重和企业所在社区的共同富裕；曾经做过军人的企业家在语言风格上的特点非常明显，而且往往会将行军作战的方式方法迁移到企业管理中加以演化和应用；曾经做过农民工的企业家在经营和管理上往往更受到中国传统文化和民间俗语的影响，其话语中往往透露出对家乡和土地的热爱，并且其往往更看重出身农村的员工身上的优点；曾经做过教师的企业家相较于前三种企业家来说人数偏少，在管理风格上往往相较于前两种企业家更加柔和，并且在讲解自己的管理思想产生及其形成过程时也愿意且能够做更多的延伸。

企业家个人经验和体会中的另一类主要内容是其在经历重要事件时的体会。对企业家个人产生重要影响的个人经历也对企业家管理思想的产生造成影响。就像王健林（2015）在亲眼看到一座大桥在面前倒坍之后，加强了他对自己公司的质量要求，并且在"创业四点"——创新、诚信、坚持和责任——中强调要狠抓质量，强调质量是诚信的重要表现。又例如 A19 小时候曾有过一家四个孩子一顿饭分吃一个馒头的经历，所以他成立公司后多年来一直坚持绝不拖欠员工工资，并且每年过年前多多少少都要给员工发红包。

企业家个人继承和吸收所得在相当程度上体现了其生命中重要的人和群体对其的影响。这方面的积累主要包括继承或吸收的思想，如恩师的管理思想或前任的管理理念等；继承的价值观，如父母的价值观或生长环境中的主流价值观等；继承或吸收的思维方式，如亲人的思维方式、曾参与的群体中的主流思维方式或学科的思维方式等；以及吸收到的其他思维特征、行为特征和经验等。例如，A16 所讲的祖辈传下来的家族信条中很重要的一条"一个钱开工，两个钱修庙"，始终提醒着他要回馈故土和回馈社会。又例如，A23 的一位重要女性友人 10 余年来始终以坚持理想、热情和"敢做"影响着她，带动着她以更积极的态度去面对创业中的困难、更敢放开手去追求更高的战略目标。

企业家对市场竞争的认识主要体现在对自身企业的认识和对竞争环境的认识上。它体现了企业家对企业管理所涉及的两类重要权变因素的掌握，体现了在市场竞争中的"知己"和"知彼"。对于企业家管理思想的产生来说，"知己"是成功借鉴管理方法或者确定如何将获取到的素材进行加工的重要条件，具体内容包括企业员工的普遍素质情况和企业现有管理水平所处的位置等。"知彼"包括对目标市场竞争形势的判断、对竞争对手状态的判断以及与选定的企业进行对标的结果等。本研究的这一发现也与欧绍华（2013）在研究中所发现的中国企业家的管理思想受到市场竞争的影响相一致，但本研究强调的不是客观的市场竞争，而是企业家自己对市场竞争的理解和判断。

企业家个人积累中常常作用于企业家管理思想产生的知识主要有八类：其一，以《菜根谭》（洪应明）、《中庸》（子思）、《资治通鉴》（司马光）、《孙子兵法》（孙武）、民间俗语、中国历史商帮的经验管理哲学和思想等为代表的中国传统文化果实；其二，包含毛泽东思想和中国特色社会主义理论体系在内的马克思主义中国化的理论成果；其三，以物理学专业知识和计算机专业知识等为代表的科学技术类知识；其四，以《国富论》（Smith，1927）和《政治经济学概论》（萨伊，1963）等为代表的经典经济学智慧；其五，以弗雷德里克·温斯洛·泰勒的科学管理、亨利·法约尔的一般管理和马克思·韦伯的官僚制度等为代表的世界管理思想史中的奠基性思想；其六，以彼得·德鲁克、迈克尔·波特和曾仕强等为代表的当代杰出管理学者的管理思想；其七，以松下幸之助、杰克·韦尔奇和任正非等为代表的当代杰出企业家的管理思想；其八，以通用电气公司（GE）、国际商业机器公司（IBM）和华为公司管理模式等为代表的先进企业的管理模式。本研究的这一发现印证了中国企业家管理思想形成过程中的文化基因或者说中国基因。它与西方学者Joullié（2016）的研究发现——西方管理者的管理思想具有西方哲学源头——相呼应；也与苏敬勤等（2018）的研究发现——不仅中国传统文化可以成为中国企业管理创新的重要来源，中国企业通过管理创新也可以实现传统文化与西方管理理论的融合——相一致。

上述这种对知识的分类方式是按照内容类别将企业家所积累的知识进行分类整合的，是一种常规的归类方式，便于研究者掌握企业家知识的全貌。在掌握全貌之后，对这些知识进行分析还可以采用另一种方式对它们进行分层归类，即按照所掌握这种知识的群体将其划分成三个层次：世界公共知识、中国人和华人群体的知识以及企业人群体的知识。

如果再将前三个方面的企业家个人积累，即个人经验和体会、个人继承和吸收所得以及对市场竞争的认识加到这种分层归类的框架内，就产生了第四个层次，即企业家个体认识。如表4-2所示，这种划分方式可以将企业家知识体系的独特性以及与不同群体知识体系之间的交叠和差异看得更清楚。首先，企业家都是世界的一分子，接受着世界范围内的公共知识。在世界范围内又有着各种各样的群体，每个群体都有自己圈内的知识与技能，但有些人会同时或者先后进入不同的群体，他们就可以接触到多个圈子的知识与技能，相比于只属于一个圈子的人就会多获得一些认识。也就是说，中国企业家还会吸收影响中国人的群体知识以及影响企业家的群体知识。最终，即使在同一圈子中接受相同的知识和经历相同的事物，每个人还会有自己独特的思维，从而形成自己特有的经验总结、理解和体会。

表4-2　中国企业家个人积累分层结构

世界公共知识	科学技术类知识、经典经济学智慧、世界管理思想史中的奠基性思想
中国人群体知识	中国传统文化果实、马克思主义中国化的理论成果
企业家群体知识	当代杰出管理学者的管理思想、当代杰出企业家的管理思想、先进企业的管理模式
企业家个体认识	个人经验和体会、个人继承和吸收所得、对市场竞争的认识

图4-5中展示了本部分中的主要选择性编码，由于篇幅原因，省去了大量概念层次处于最低一级的选择性编码。

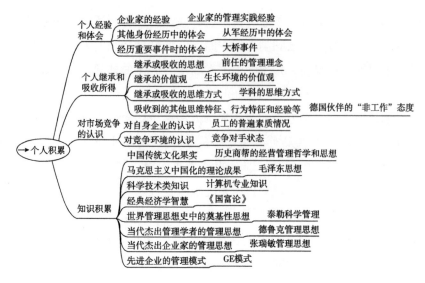

图4-5 主要选择性编码三

4.2.4 产生过程要素四：对中国情境的分析

企业家对中国情境的分析在大部分情况下可以理解为是对企业所扎根的本土情境的分析，主要包括两部分内容：中国式管理的意识和对中国实际情况的理解和判断。

中国式管理的意识主要包括四方面：中国管理不能完全照搬西方管理、要做立足于中国情境的管理创新、中国企业有其特点及中华文化是资源宝库。

中国式管理的意识的第一个方面是中国管理不能完全照搬西方管理。作为研究对象的企业家不否定、有的企业家甚至十分肯定西方管理思想在中国企业管理实践中的意义和作用，但往往也强调西方管理思想在中国有相当程度的局限性和缺陷，如果使用不当很容易水土不服，所以需要有选择地使用或者进行适应性改造，不能完全、全体系地被搬到中国实践中。西方管理思想中最经常被企业家借鉴、引入的是具体的管理方法，而对于管理思想中更深层的哲学和价值观等根基性内容则常常以中国文化和精神为基础。本研究的这一发现印证了王利平（2010）在其中国式管理研究中所提出的观点。

中国式管理的意识的第二个方面是要做立足于中国情境的管理创

新。作为研究对象的企业家往往认为中国情境和中国企业有不同于西方情境、不同于西方企业的特点，能够为企业管理创新提供特别的土壤和有利条件；而进行管理创新需要立足于中国情境，比如做能适应中国价值体系和能适应中国消费需求的管理创新。

中国式管理的意识的第三个方面是中国企业有其特点。这些特点可能是由自身体制而来的，可能是由所处市场环境而来的，亦可能是由长期合作伙伴或大多数合作伙伴的特别之处而带来的。比如说，相较于欧美主流企业来说，中国国有企业的重要特色在于其特有的使命、价值观、责任、力量和包袱（A9；A11）。例如，"国有企业不只是盈利，还要保民生！赚钱要生产，不赚钱也得生产。还有这些'老人'，不能想辞退就辞退，说辞退就辞退。这可和西方那些企业不一样"（A9）。又例如，虽然西方国家也有一些立足于乡镇的、集体所有的乡镇企业，但与之相比，中国的乡镇企业，由于国家政策对三农问题的关注和对乡村振兴的重视，在使命、资源、思路和员工角色等方面具有突出特点（A3）。例如"中国乡镇企业奉献给社会的不仅仅是商品，更大的贡献在于提高了一代中国农民的素质，为中国农村培养了有能力的经营人才"（鲁冠球，1999，p. 113）。即便是既非国有企业也非乡镇企业的普通民营企业，也会因有着具有中国风格的企业领导人、面临着和欧美有所不同的市场环境和市场主体、和国有企业或乡镇企业有着长期或大量的合作关系等原因而具有自己的风格，正如 A13 所说的那样。

> 我们国内的合作伙伴和我们的欧洲客户肯定是不同的，先不说市场环境的作用，就算只考虑企业内部的影响，我们中国的企业和他们欧洲的企业也是不同的。企业总不能脱离人、脱离员工、脱离领导人的影响吧？（A13）

中国式管理的意识的第四个方面是中华文化是资源宝库。它体现在作为研究对象的企业家对中华文化的珍视和老祖宗传下来的文化瑰宝在现代管理中的作用的认同。就像受访企业家所说的那样："我也没什么高文化水平，在管理上也好，在经营上也好，就是受益于传下来的老理儿"（A20），"中国传统的管理方法在我们企业里就是很好用、很实用"（A21），"跟员工沟通的时候得用他们听得懂的话，用他们认可的道理，（那么）他们就好接受。符合传统文化的道理才是水土相符的"（A15）。

对中国情境进行分析的另一部分是对中国实际情况的理解和判断，其中包括对宏观环境的理解和对管理环境的判断两个维度。具体来说，宏观环境中，在企业家管理思想的产生过程中起作用的有经济制度、工业基础、经济政策的稳定性和时代特点等具体因素。企业家在产生自己管理思想的过程中，对管理环境的判断主要聚焦在当下中国优秀企业的管理情况、主流企业的管理情况、问题企业的管理情况、员工素质和管理基础等方面。比如说，张瑞敏（2005）在20世纪末分析到，当时中国的企业往往存在的管理情况是计划性不强，目标没有完全分解落实到个人身上，而且没人较真今天的活今天必须做完不能拖到明天。有了这样的分析，诞生了"日清工作法"，也就是"日事日毕，日清日高"思想。

A3是村干部出身，他所领导的企业有多个厂子都在当地的村子里，其中的绝大多数员工也都是就近招聘的村民。最初由一个厂子开始，他配合村子里当时的脱贫攻坚、种植结构调整和第一、第二、第三产业融合，整合了当地的家庭作坊，利用当地的传统技艺建立了这个企业。他基于对当地劳动力的一般水平的分析产生了关于员工分类管理的思想。在谈到具体的管理方法时，他做出了如下分析。

> 还是得按照员工的素质来制定管理方法，也就是说本地劳动力的一般水平吧。我们现在能招到的人就是这么个情况，特别有能力的、身强体壮的年轻人都出去打工了。留在家里的要么是能力、素质特别有限的；要么是家里有老人、孩子要照顾或者是地里的活必须得有人忙，实在走不开的。对于第一种人吧，就算他/她想干好，你今天教的东西他/她学会了，明天可能就又忘了，得反复教好几遍，所以说你给

他们过高的要求他们做不到。对于第二种吧，你不给他们解决好后顾之忧他们没心思好好干活，所以就得想办法把他/她家里人也照顾好，到农忙的时候还得请人把他/她家的活干了，他/她自然就踏踏实实、兢兢业业在你这好好做。这样的话，在员工管理上至少就得分成两类。（A3）

图4-6中展示了本部分中的主要选择性编码，由于篇幅原因，省去了大量概念层次处于最低一级的选择性编码。

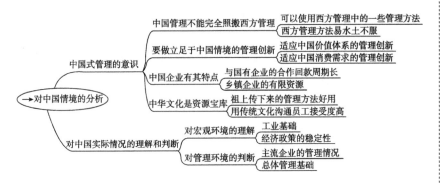

图4-6　主要选择性编码四

4.2.5　产生过程要素五：思维方式

本研究发现了12种企业家在产生管理思想的过程中经常使用的主要思维方式，分别是重要性思维、迁移思维、比较思维、批判性思维、归纳思维、演绎思维、多视角思维、透视思维、逆向思维、系统性思维、建设性思维和悟性思维。

企业家管理思想的产生过程展示了企业家看问题时其思维所具有的平面感、立体感和时序感。如图4-7所示，在管理思想的产生过程中，被企业家用于在平面上对事物进行分析的主要思维方式有：重要性思维、迁移思维、批判性思维、归纳思维和演绎思维。比较思维则既被应用于平面分析，又被应用于跨时间分析。

具体来说，重要性思维体现的是一种选择，是在面对实事中纷繁复杂的多个要素时做出"要与不要"的取舍和"此多彼少"的分别

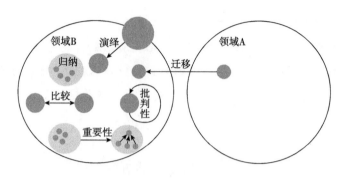

图 4-7　中国企业家进行平面分析的六种思维方式

对待（Whitehead，1956）。个体在依据自己的某种兴趣做出重要性选择之后产生自己的中心概念，并由此以中心概念来组织相关的一组概念的从属关系（Whitehead，1956）。在本研究中，企业家的重要性思维主要有两种体现：选出关键要素和以关键要素整合其他要素。企业家对关键要素的选择，可以是针对某一时间段或某一时代做出的重要性选择，也可以是忽略时间因素在自己具有持续性的核心理念的指导下做出的选择等。例如，2004 年，任正非（2017a，p. 336）在分别对 20 世纪七八十年代作出判断后，又提出对当下这个时代的看法，"这个世界最重要的是市场，而不是制造"。又例如，王永庆（2003，pp. 188-189）提出，"我认为身为企业家而存在这样的观念是非常可怕非常错误的。做一件事，观念非常要紧，观念正确，比较容易贯彻；观念错误，脑筋转不过来，做什么事情都是不行的"。企业家以关键要素来整合其他要素，以关键要素为核心或者中心，将其他各要素建立起与该关键要素的关系。整合而成的可以是整体结构、先后顺序或让步关系等。

　　迁移思维是指将领域 A 中的理论、方法和思想等迁移至领域 B 中。迁移是人类学习和认知的一种基本方法，可以帮助人类使用在一种情境中成立的知识、理论和方法来解决新的情境中的问题（朱燕，1999）。迁移思维的表现至少有两种：场景迁移和思想迁移。前者以转换应用场景为特征，后者以转换所针对的问题为特征。以张瑞敏（2005）为例，把军队作战场景中统一指挥、协调作战的"联合舰队"应用到管理场景中形成"联合舰队"式组织形式，还将做文章、做人的思想迁移到做企业、做产品的思想。张瑞敏（2005，p.118）说到"做文章，做人做到极致即'本然'，做企业，做产品又何尝不是如此"。以任正非（2017b；2017c，p.6）为例，他借路易十六时期农业改革、投资建铁路、生产力解放后人们感到的部分自由和不满足以及之后引发的法国大革命，来思考华为所处的转型期也是暗藏危机的多事之秋；又将军队管理的思维迁移至企业管理中，借铁军的产生来思考奋斗者的产生，提出"铁军是领袖对士兵关怀而产生的，队伍的对外坚韧，是对内的柔和而建造的。我们要奋斗，也要对奋斗者充分关怀"。

批判性思维往往是针对某一既有论断所进行的关于其正确性和稳定性的一种思考，可能涉及包括反思、理性接纳和谋求改进等在内的具体思考（Lamont，2020）。在本研究中，对管理思想的产生起重要作用的批判性思维主要有三种，即对主流观点和观念、对流行做法、对管理理论的批判性思考。以 A12 为例，他所创建的企业从事传统制造业，但他的管理理念和经营理念却经常反传统。他最早给温州的一些鞋厂供应原材料，后来发现有一些特定品类的鞋是当时的温州商人不做的，或者说不屑于做的，于是在原有业务的基础上，他便增加了这些品类鞋子的产销，而这一新增业务也为他后来原材料产销业务的扩大奠定了坚实的基础。在管理上，他有如下表述。

那时候我们这行生意比现在好做多了，消费者的要求也没那么高，好多企业喜欢让员工做冲刺拼产量，总是交大单之前在那喊口号说"大干多少天"什么的，弄得员工潜意识上就在那拼活。平时的管理吧又松散得要命。我就想说（那）这从管理上就传递着要突击赶活、临时抱佛脚的信号，那员工能不浮躁嘛，能踏实嘛，还能顾上思考吗？那我们就不能这么干，我们得有连贯性，得让员工心沉下来，他们才能想着质量、想着改造、想着精进技术。（A12）

归纳思维和演绎思维在人类认识世界和形成自己心中世界的过程

中发挥着重要作用，在企业家形成自己管理思想的过程中也是如此。归纳思维在本研究中的最典型表现有归类和提炼总结两种。企业家对员工的归类、对事物的归类、从多个经验中进行的总结和提炼等都是其归纳思维发挥作用的体现。演绎思维在本研究中的最典型表现有情境化、特殊化和个性化三种。企业家对事物发展的普遍规律、管理中的普适性思想和世界公共知识等所进行的情境化应用、特殊化处理或个性化加工都是演绎思维发挥作用的体现。

比较思维在此是指将同领域内具有可比性的事物进行对比。在本研究中，企业家的比较思维既体现于企业家对同一时间内不同事物所进行的比较分析，又体现于企业家对不同时间点上的同一事物所进行的比较分析。具体表现主要有五种：将本企业的管理效果和业绩情况同其他企业作比较、将本企业的资源条件同其他企业作比较、将本企业关于某些事物的观念和做法同其他企业作比较、将本企业的现在同过去作比较以及将企业外部环境的现在同过去作比较。例如，王永庆（2003）在诊断落后成分、判断管理应该努力的方向时，将未实现全面机械化的农村和国外相比，说明依靠农友的辛勤工作仍然使得大众有便宜的粮食吃，证明农友的个人工作效率并不低，又将出租车驾驶员每天的行驶里程和日本、美国的同业比，发现绝不输任何同业。"这样简单一比，可知我们中国人个人的劳动能力很强，只是领导的问题，今天落伍的是企业家或经营者，不是劳工"（王永庆，2003，p. 188）。

多视角思维和透视思维两种思维方式体现着企业家看问题时其思维所具有的空间感和立体感。如图 4-8 所示，多视角思维帮助企业家将某问题放在空间中、从四面八方、多视角、立体地去看问题。这其中主要包括换切入点、换身份和换时空思考。换切入点，比如说分别从优劣势、从特点、从可行性和从操作要点的角度分析同一个解决方案。换身份思考，比如说分别从一把手的视角、从普通管理者的视角、从最终端员工的视角和从消费者的视角来看同一个行为的后果。换时空思考，比如说模拟站在未来回望今天以及站在过去展望今天来评价今时今日的个体或企业。

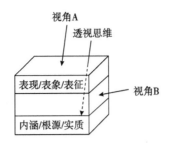

视角A
透视思维
表现/表象/表征
视角B
内涵/根源/实质

图 4 – 8   中国企业家思维的空间感和立体感

透视思维可以帮助企业家解构问题，厘清其中的层次和结构并找到真正的核心所在。成功的企业家往往具有透过现象看本质的本领。当他们剖析某个事物、问题或者提示大家不要被表象所迷惑而忽略掉真正重要的东西时，很喜欢揭示多个层面或者拨开表层去看深层的东西。本研究发现，企业家最常展现的透视思维有三种：透过人的表现看其内涵、透过问题的表象看其根源、透过事物的表征看其实质。比如"表面看起来好像他是工作态度不好，实际上他是有忧虑的东西所以分心了，他想在厂里好好干，但是家里的老人没人管。所以接下来要做的就是解决这个问题"（A3）。再比如"我们看清了全球出现一次泡沫化悲剧背后的原因，看清了事物的本质，就能够根据本质的原因调整我们的策略"（任正非，2017d，p. 315）。这些都是企业家具有透视思维并在形成自己一些管理思想的过程中对其进行应用的体现。

如图 4 – 9 所示，本研究中企业家的系统性思维是既考虑平面内，又考虑立体空间和时序的思维方式，体现了系统论思想。它是本研究中最突出、出现频率最高的企业家思维之一。在本研究中，企业家的系统性思维主要展现在三方面：要素间关系、方法组合拳和时间系统性。要素间关系可以考虑要素间的支持关系或平衡关系等。以吴仁宝（2011）为例，他强调用人要处理五组关系，即品德与才能、小用与大用、内行与外行、文凭与水平以及经济与人才。方法组合拳可以考虑多方面的协同出击或多方法的结合使用等。以梁伯强（2008）的五指理论为例，其强调品牌、规模、技术、价值和服务分别是一只手上的大拇指、食指、中指、无名指和小拇指，而五者结合则可掌握一切。时间系统性体现于与时代发展相一致的或具有连续性的一系列管理思想和决策等，例如王健林（2015）的从搞旧改、跨区域全国发展、创模式、文化产业、旅游度假再到跨国发展的"万达创新六步棋"。

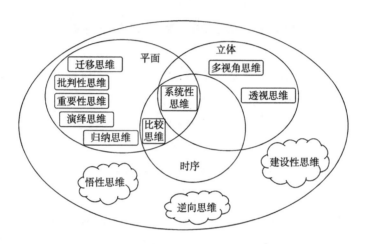

图 4 – 9　中国企业家的十二种思维方式

企业家主要思维方式中有一种十分能体现企业家群体"个性"的思维方式：逆向思维。逆向思维是一种打破常规、打破寻常先后逻辑或因果逻辑、求新求异的思维。在本研究中，企业家最主要的逆向思维有两种：逆传统观点或做法与逆流行观点或做法。成功企业家在逆向思维作用下产生的管理思想往往看似奇怪和反常规，但仔细思考或者了解到企业家的理由后会感觉非常有道理且符合逻辑。在本研究中逆向思维的典型表现有：当中国大多数出口导向型企业都选择先易后难策略时，张瑞敏（2005）引领下的海尔选择了先难后易策略，因为更难的市场可以帮助海尔树立更高的标准以提高企业的竞争力；A13所引领的企业先打国外市场，再打国内市场，因为当时对于 A13 企业的产品来说国外的市场更加成熟，而且有了国外市场的背书在国内也会得到更多的认可；A4 所引领的企业虽然是由兄弟们共创的家族企业，鼓励兄弟们的子女加入企业的运营管理中，但却完全不允许兄弟们的配偶参与到企业相关事物的讨论中，这种做法看似逆流行和过于传统，但的确保护了家庭的和睦和企业的发展。

企业家思维方式中的最后两种也是更为根基性的思维方式是建设性思维和悟性思维。建设性思维是一种不仅提出问题而且还要解决问题的思维方式，是一种否定错误的、不恰当的观念和做法进而提出正确的、恰当的观念和做法的思维方式。本研究发现企业家有两种最显著的建设性思维：提出新的否定旧的和目标先行。换句话说，不提出新的而一味否定旧的，不是建设性思维；不奔着目标而去，不是建设性思维。

悟性思维是十二种思维方式中最抽象、神秘且不易习得的一种思维，甚至难以得到更为具体的描述。但"悟"字却重要到反复被研究对象提及，可见其作用不能被忽视。就像受访企业家所说的："搞企业不是做学问，没有人把所有东西都写好放在那里等你学，得自己悟"（A2）；"哪能那么幸运有人手把手的教你啊，都是藏着掖着的，就是自己偷着学，自己悟"（A7）；"我也没什么文化，刚开始什么都不会，一步步从吃过的亏、摔过的跟头里面悟出来"（A14）；"'悟'就意味着效率"（A23）。在被邀请对"悟"进行进一步说明时，企业家往往表示很难直接给出更具体的描述。一些企业家使用给出近义词的方式来对其进行描述。这些被使用的近义词有"悟道"（A21）、"领悟"（A22）、"直觉"（A23）、"在我看来，悟性和悟力，和直觉高度相关，都意味着效率"（A23）等。中国企业家的这种悟性思维，很可能与Schön（1983）在对实践工作者认识路径的研究中所发现的那种直觉式的认识具有类似之处。Schön（1983）发现，实践工作者经常展现出一种在行动中进行直觉式认识的能力，并使用这种能力应对冲突的、独特的和富含不确定性的情境。但不同的是，中国企业家所使用的准确词汇是"悟"，而非"直觉"。显然，这两个词之间是有着一些奇妙区别的。

图4-10中展示了本部分中的主要选择性编码，由于篇幅原因，省去了大量概念层次处于最低一级的选择性编码。

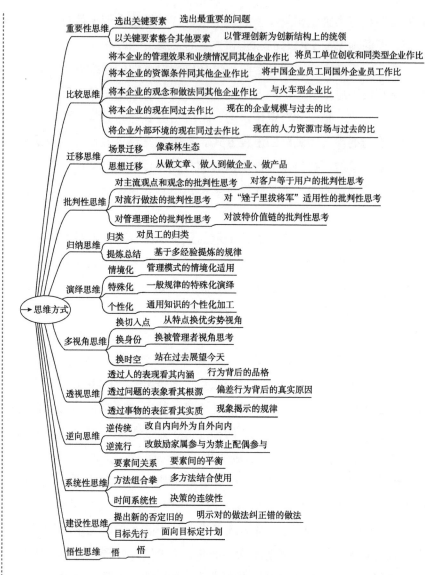

图4-10　主要选择性编码五

4.2.6　产生过程要素六：对素材的应用

就像"巧妇难为无米之炊"所说的那样，企业家形成自己管理思想的过程也很难离开对素材的使用。企业家的创新管理思想也不是无源之水，企业家在产生自己管理思想的过程中，或者说进行管理思想创新的过程中，所应用的思想素材按照内容来划分，可以分为四类：

企业内部脑力资源、世界公共知识、中国素材和外国素材。对不同的素材，企业家的应用方式往往也不同。

对企业内部的脑力资源，企业家往往只需加以合理运用即可形成自己的管理思想。从企业内部讨论（包括高管层讨论或者专题会讨论等）和企业内部说法（比如企业内惯用语等）得到的想法和灵感，往往不需要再做过多的加工，只需要经过筛选和调整将其纳入特定的系统并放在恰当的位置上。相应地，在应用此类素材的过程中，企业家的思维难度也相对较低，并且基本不要求企业家涉猎广泛领域的信息。需要特殊说明的是，对企业家来说，对此类素材进行应用的思维难度往往不在于对其的应用过程中，而在于此类素材的产生过程，即形成内部讨论结果和企业内部说法的过程，就像 A4 所给出的例子那样。

> 我们兄弟几个坐在一起思考了好久，企业越做越大，怎么才能把家族传承引入进来又可以把家族事务和企业事物分开。其实我们从认识到这个问题各自思考到坐下来正式开那个会就已经过了三四个星期了。最后那天的会还是从早上九点一直开到了晚上十点多。最后定了个调子就是不让不在公司任职的家属谈论公司的事情。后来，我又在这个想法的基础上，明确了一些规定，比如说只允许子女在公司任职，不允许配偶进公司。（A4）

对已经成为世界范围内公共知识的素材，企业家的主要应用方式往往有两种：对经营管理类知识的重新思考和对知识的跨领域调用。也就是说，对于此类素材可以有两种主要的应用方法，调用和重新思考。其中，调用对企业家思维的要求略高于相对简单的合理运用，需要企业家的迁移思维在其中发挥作用。以张瑞敏（2005）为例，物理学中的力学理论被调用到管理之中，以构建海尔管理中的"斜坡球体论"，将企业比作一个斜坡上的圆球，将基础管理和创新分别比作是控制圆球不下滑的止动力和向上走的上升力。但是从加工程度上来说，经调用后的思想仍然和原始素材比较接近，处于比较低的加工水平。

重新思考属于思维难度较高的应用方法，需要跳出素材原有的观念、观点甚至框架，属于加工程度较高的应用方法。从涉及信息领域的角度来说，无论是调用还是重新思考，往往需要企业家或多或少地涉猎经济管理领域以外的信息，并且有相对广泛的知识面以跳出框架寻求突破。比如，任正非（2017e，p.374）对传统经济学知识进行思考，发现虽然传统经济学总是强调股东偏好长期利益而非谋求短期利益，但现实往往是股东反而更多谋求短期收益。所以，华为的做法是将股东和创造者绑在一起，使其"形成长远眼光，不忙于套现，形成了战略力量"。又比如，A1对管理学知识进行思考，发现虽然很多书中都注重小组领导或中层领导的领导力，但对他的企业来说，他不倾向于令基层和中层管理者具有领导力。

> 管理者和领导肯定是有区别的，领导是要定方向的，我们和那些团队型组织不一样，有一个领导就够了。就我们目前的情况来看，普通管理者的职责就是管理，绝不是领导。带着几个人就把自己当领导，都开始寻找"独立风格"和"独立意志"不就乱套了嘛。（A1）

对中国素材的处理，也就是对各领域中的中国思想或者说富有中国特点的思想的应用，在大多数情况下不涉及本土化的问题，企业家主要谋求对其的演化、更新、发展和超越。于是，企业家应用此类素材形成自己管理思想的主要方式往往有：改写俗语、重新解读俗语、改造中国传统哲学思想、运用中国经典智慧中的管理思想、运用中国历史商帮的管理思想、调用中国其他领域内的重要思想和加工式引进中国组织中的先进管理方法和模式。按照应用方法来梳理，对此类素材的应用方法主要有改造、重新思考、合理运用、调用和加工式引进。其中，重新思考、合理运用和调用已经在前文中做了阐释。

改造是对企业家思维要求最高的一种应用方法，往往需要企业家基于以往的经验和感悟产生一些模糊的感觉或想法，再在机缘巧合之下借助素材激发出的灵感实现将先前积累的模糊感觉或想法清晰化，产生自己创新的管理思想。改造原始的素材，是一种加工程度很高的应用方法。而且改造对企业家所掌握信息的广泛性也提出了较高要求，需要企业家对广泛领域的信息有所涉猎和理解。

分析性引进是一种所需信息涉及领域不多的应用方法，通常并不要求企业家对广泛领域的信息有过多掌握，一般来说只了解管理领域及其相关宏观环境即可。在本研究中，它指的是将对别人或其他组织有用的思想碎片、方法或者相对完整的一套模式或一系列方法基于一定的标准和企业的自身情况进行筛选、调适和加工之后，再合理嵌套或纳入自己的思想体系中去使用。这也就是张瑞敏（2005，p. 110）所表示的："积极引进，但是要根据我们的实际情况决定怎么来用"。这种应用方法对企业家的分析能力和信息加工能力提出了一定的要求，对企业家思维能力的要求较高，需要企业家加入自己的态度、评估、选择和一些新的思路和做法；但所需要的信息通常不超过经济管理领域。

对外国素材的处理，即对产自国外的尤其是与中国社会、文化、经济、政治和生态环境有一定区别的国家的思想的应用，面临的主要问题就是"水土不服"的可能性，所以主要目的在于使其适应情境要求。对外国素材，本研究中企业家的应用方式主要有：有附加对策地吸收外国企业的管理经验、分析性引进外国先进企业的管理方式和模式以及改造外国企业的做法。在处理这类元素的过程中，使用到的方法主要有：有附加地吸收、分析性引进和改造。其中，改造这一方法在前文中已经有所阐述；分析性引进虽然在对中国素材的处理中也有使用，但使用的难度不尽相同。对中国素材的分析性引进虽然也需要依据企业实际情况对原始素材进行调整，但通常不需要过多考虑制度环境、员工及社会价值观和管理基础等国家情境因素。而且作为研究对象的企业家往往不仅对中国的企业有所了解，对其他组织也了解较多，于是引进的不仅有企业中的先进方法和模式，还有如设计院等其他组织中的先进方法和模式。相对来说，对外国素材进行分析性引进的过程中，调适的程度和难度会更大一些，变动也会更多，对企业家思维难度的要求也就更高。本研究从研究对象企业家身上所得到的这一研究结果也从其他企业家的观点中得到了验证。就像赵新先在接受李维安等学者的采访过程中所表示的那样，之所以在接受外来管理思想之后不能完全照搬，社会环境——如法律、规章、制度的完善程度——存在的差异就是重要原因之一；而且由于当时中国与对人的管理相关的法律相较于欧美不是很全、很细而且执行得又不是很彻底，所以企业管理上就要在对人的管理上花更多的工夫（李维安等，2000）。

有附加地吸收也属于所需信息涉及领域不多的应用方法，通常不必要涉及经济管理外的知识和信息。比如 A24 在看到德国伙伴对采购小零件的严格品质管控，以及这种做法大大减少了由于小零件不够耐用而给工程造成的麻烦之后，决定吸收德国伙伴的这种做法；但这种做法也给成本管理带来了麻烦，所以需要在其他方面做出配套调整以控制整体成本水平。这便是本研究中所谓的"有附加地吸收"，指的是吸收有效的管理经验，但是也在其他管理方面做出必要的相应调整。一般来说，这种加工方式不需要太大的思维强度，通常也并未对原素材进行突破性的创新，对企业家来说思维难度相对较低，而且对素材的加工程度也较低。

将企业家对各类素材的应用方法按照信息涉及领域和加工程度两个维度进行划分，可以放入四个象限中，如图 4-11 所示。不同的应用方法的思维难度是不同的，由低到高依次为合理运用、调用、有附加地吸收、分析性引进、重新思考和改造。其中，前三项加工程度较低，后三项加工程度较高。合理运用、有附加地吸收和分析性引进对信息涉及领域的广阔程度要求不高，调用、重新思考和改造则要求企业家掌握相对广泛领域的信息。

图 4-12 中展示了本部分中的主要选择性编码，由于篇幅原因。省去了大量概念层次处于最低一级的选择性编码。

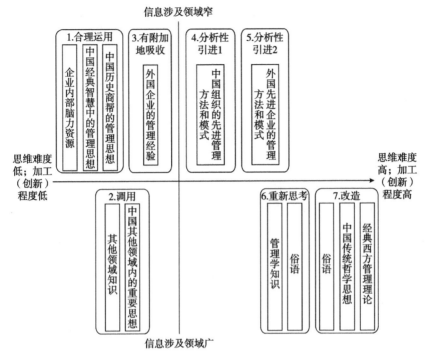

图4-11 中国企业家对各类素材的应用方法

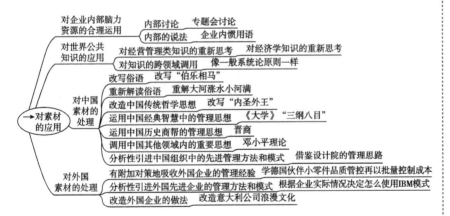

图4-12 主要选择性编码六

4.2.7 产生过程要素七：管理思想的表述形式

企业家在表达自己管理思想时所使用的有五类最典型的表述形式，分别是肯定式直接陈述、问句强调式表述、"定义+"式表述、即破即立式表述以及类比式表述。

第一类是肯定式直接陈述，肯定式直接陈述是最经典且应用最广泛的表述方式之一，是直奔主题、直接给结论的表述方式。它传递的是鲜明且肯定的观点。例如，"管理的核心就是管人，就是管人心"（A3）。

第二类是问句强调式表述，主要有两种：使用问句提示接下来的信息以及以问句促思考。这些被提示的信息可以是意义、定义、观念或变化等。以问句促思考可以是企业家给出的一个或一系列真问题，触发或促进听众或读者的头脑风暴；也可以是在给出一个观点之后抛出一个或一系列似真似假的问题，引发听众或读者去思考自己是否认同这种说法等。

第三类是"定义＋"式表述。顾名思义，就是先给出一个定义，再给出一些补充说明。这类表述主要可以分为两大类：定义加目的式表述和定义加辨析式表述。具体句式有：某一概念是什么，我们向它要什么；某一概念是什么，为了实现什么；某一概念是什么，怎么样；以及某一概念是什么，细节如何等。例如，"产品的外销是把产品和文化都卖到国外去，我们从中要的不仅是利润，还有客户的信任和追随"（A13）；"像家一样的企业就是能让大家找到像家一样的温暖和像家里一样的逆耳忠言的企业，它可以让员工有归属感也可以让员工取得进步"（A12）；"企业文化本身是企业主个人人格的一种体现形式，更是企业本身向社会展示出的一种精神产品，是企业产品得到消费者认可的一个重要形式，本身就是企业的一个卖点"（梁伯强，2008，p. 193）。

第四类是即破即立式表述，指的是企业家在表述一个思想时不仅会说明其是什么，也会讲明其不是什么，以此来明确该思想的边界、与容易混淆的观点做区别或者防止其被轻易地臆断。此类表述形式的主要句式有三种。其一是否定一个观念，然后建立一个新观念。例如，"企业的资源不在于账面上有多少钱或者有多少人，而是在于关键的时候真正能调用到的有多少资金和人力"（A3）。其二是通过界定什么不是，来界定什么是。例如，"发号施令不是管理，制定规则也不是管理，发出的命令和制定的规则有人响应有人遵守才是管理，管了之后有人理才是管理"（A5）。其三是某一个概念不是什么，而是什么。例如，"人的品质不是指优生学，是做事的品质，是思想的新、观念的进步，是深入的、合理化的、科学的"（王永庆，1992，p. 57）。

第五类是类比式表述，指的是企业家依据两种事物在某些方面的相似性用类比物说明被类比物。类比式的表述形式在企业家管理思想中相当常见。具体来说，最常出现的有三种形式。一种形式是，被类比物、类比物和类比目的同时出现，比如"集团应当像生态花园，多元化发展中各模块需要用到的资源和产生的废物应当可以构成循环系统"（A11）。另一种形式是只有被类比物和类比物，比如"创新就像是坐过山车"（A14）。还有一种形式是只有类比物出现，比如"如果过去说与狼共舞，我想现在应该改一句话：与狼共生共赢"（张瑞敏，2005，p. 70）。

图 4 – 13 中展示了本部分中的主要选择性编码，由于篇幅原因，省去了大量概念层次处于最低一级的选择性编码。

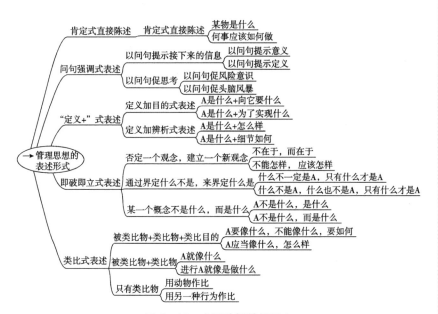

图 4 – 13　主要选择性编码七

4.3 中国企业家部分管理思想产生过程及七大类要素作用方式

通过理论性编码，本研究得出在企业家管理思想形成过程的第一阶段中，即在企业家产生自己部分管理思想的过程中，如图 4-14 所示，企业家的思维经历着如下步骤，使其获取信息、加工信息、生成知识、形成思想——企业家利于管理思想产生的日常状态使企业家产生形成管理思想的动机，随后进入自己的信息处理流程，最终产出管理思想。在这个信息处理流程中，企业家的日常状态影响着其个人积累；其个人积累既是企业家对中国情境进行分析的基础，也影响着企业家的思维方式，又为企业家管理思想的产生提供了素材；企业家对中国情境的分析加上企业家的思维方式，影响着企业家对管理思想素材的应用；企业家对素材的应用在其管理思想的形成动机的目的性指导下进行。以上步骤的产出品再通过企业家管理思想表述形式的加工，形成被组织起来和表达出来的企业家的管理思想。

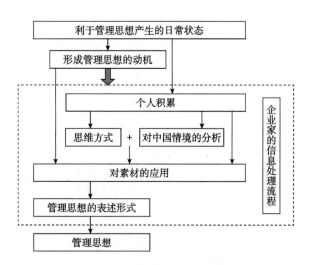

图 4-14 中国企业家部分管理思想产生过程

企业家利于管理思想产生的日常状态在其部分管理思想产生过程中具有重要地位，是整个管理思想形成过程的开端，保障了企业家持续的斗志、敏感度和不断积累与更新，促使其不断思考，以致其意识到形成自己管理思想的需求和必要性，产生形成管理思想的动机，并继而通过一系列加工处理最终产生自己的管理思想。

就好像任正非（2017f，p. 404）在回答记者提问时举的例子那样：1996 年他赴非洲考察，中途至迪拜转机时，被介绍说迪拜是中东的香港；而他感到难以置信，于是思考迪拜如何能在没有石油资源的情况下，在沙漠贫瘠的资源和环境中建立起一个"香港"，他终于发现虽然当时的迪拜并不像现在这么先进和发达，但非常重视文化建设，把一批批孩子送到欧美取经，再回来贡献于整个社会文化素质水平的提高，还积极吸引外部投资；吸收到迪拜的经验，加上随时随地的这种思考，他发现当时的华为和迪拜是一样的，于是便有了那句"资源是会枯竭的，唯有文化才能生生不息"。

另一个典型例子发生在 A1 身上。他中年从公务员队伍中"下海"开始创业。他创建的事务所历经从宁夏、内蒙古、甘肃、陕西的搬迁，最终在北京立足，至今已经生存了 20 余年。在这 20 余年中，企业经历了大大小小的风波，先后经历了当地老百姓对资产的不重视、缺少客户、应收账款回不来、客户用产品抵服务费、工资发不出来以及队伍大了管理跟不上等困境。有了在逆境中的屡败屡战、在遭遇生存危机中的险中求生的经验，A1 最终带领企业生存了下来。他每每在逆境中思考解决问题的方法，在走出逆境后思考问题究竟出在了哪里，以及今后如何避免或减少此类问题的再次出现。在这个过程中 A1 产生了不少自己的管理思想，比如处理内部利益关系的方法、处理内外部利益关系矛盾的方法、管理者与领导者的联系和不同等。

企业家的日常行为习惯和日常心理状态在其部分管理思想产生过程中的作用不仅在于对形成动机产生的影响，也在于其对企业家个人积累的内容及其新鲜度的影响。做企业并不是一件可以在知识或认识上"吃老本"，而不与时俱进的事情。事实上，任何行业中的优秀人物都鲜有只靠"吃老本"就能高枕无忧的情况，更何况是企业的领头人——面对着瞬息万变的市场，决定着企业的、不仅是一个人的，更是一群人的航向。企业家的日常心理状态促使企业家更新对自身知识和对环境的认识。企业家的日常行为习惯又使其不断积累新的经验和知识，并且不断刷新自己的认识。企业家的日常心理状态和行为习惯共同促成了他/她的个人积累，促成了他/她为形成自己的管理思想所做的储备。就像 A1 在访谈过程中所表现的那样，听到笔者用"逆商很高"来形容他，就十分有兴趣地详细询问"逆商"是一个怎样的概念，并对其进行记录，然后自言自语道："这个有意思，又学到一个新词"，并与笔者继续交流说："我们这个年纪了吧，就得抓住一切机会来学习新的东西，才能一直有新的想法出来，不然怎么带得住这帮年轻小孩啊"。

再来看之前任正非与迪拜的例子，他的日常状态使他注意到迪拜的特殊性，这才有了他对迪拜与华为的相似性和华为从迪拜这个案例中汲取到什么的思考，并且积累到迪拜经验，再将迪拜经验为他所用，最终形成了关于资源和文化对企业意义的管理思想。

在本研究所得到的企业家部分管理思想产生过程中，"形成管理思想的动机"起了两个作用。第一，它在企业家日常状态的洞察和思考的影响下产生，成为企业家管理思想产生的直接原因。第二，企业家形成管理思想的动机也给出了拟生成思想所要重点实现的目标，为信息加工过程提供了指向性，影响企业家对生成自己管理思想的素材的使用。张瑞敏为了解决质量问题最终建立了海尔新的质量管理体系。在这个过程中他学习了日本全面质量管理的有关知识，也借鉴了松下的管理模式和方法（张瑞敏，2005）。A4 为了填补风险管理漏洞改进了公司的组织结构并提出了一系列基于生产管理视角的风险管理理念和方法。在这个过程中风险管理基础理论和知识及企业高管为他提供了很多支持。A2 为了实现"弯道超车"着重考虑在车间管理方法上寻求重点突破并最终产生了一套自己对于员工及其家属管理的理念。在这个过程中，中国经典智慧中"家、国、天下"的思想给了他很大的启示。

企业家的个人积累是企业家的思维在正式进入产生自己管理思想的信息处理流程后历经的第一个模块。如图 4-15 所示，企业家的个人积累在其部分管理思想产生过程中的作用主要通过直接和间接影响企业家对思想素材的应用来实现。在直接影响中，一方面，企业家个人积累中的知识、经验、体会和理解本身就是企业家产生管理思想的重要原材料，是储备素材的一部分，自然直接影响着企业家对这些素材的应用。另一方面，企业家的个人积累会促使企业家产生一些关于事物的态度和判断，其中包括对各种可用于产生管理思想的素材的态度、对这些素材在本企业中应用的适用性的判断和对这些素材的加工方式的选择和思考。这两个方面是企业家个人积累对其对素材的应用的直接影响。

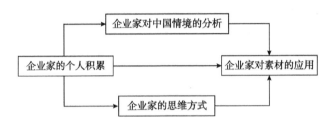

图 4－15　从企业家的个人积累到企业家对素材的应用

企业家个人积累对其对素材的应用的间接影响有两条途径。第一条途径是企业家的个人积累通过影响其对中国情境与企业管理的关系的主观分析和判断，而对源自国外的管理思想素材在其个人管理思想中的应用产生影响。这一影响过程可以理解为企业家的个人积累作用于企业家对本土情境的分析，并进而作用于其对非本土知识在本土应用的看法和处理方式。第二条途径是企业家的个人积累通过影响其思维方式对素材的应用产生影响。以企业家的多视角思维中的换身份思考为例，从不同身份来思考会影响企业家对素材进行使用的方向，而成功以特定身份进行思考的前提是能够充分了解这种身份的立场、感受、态度和诉求等。拥有这种身份的经历是这一前提的重要保障。就像张瑞敏是"老三届"，他从 1968 年就开始进入工厂做工人，所以后来从被管理者的视角看问题就成了他做管理决策和形成管理思想的重要依托。如他（2005，p. 172）所说，"我喜欢从'被管理者'的角度看问题，我总是在想我这样做，对普通员工和消费者意味着什么？这一点对形成我后来的管理思想和决策很有帮助"。

企业家对中国情境的分析受企业家个人积累的影响，影响企业家在产生个人管理思想的过程中应用管理思想素材的方式和方法，进而作用于企业家管理思想的产出。第一，对中国情境的分析体现了管理中权变的思想，体现了企业家对情境条件的把握，并据此对其他管理思想和管理思想灵感进行以成功应用为目的的借鉴、加工和调整。第二，以分析中国情境为前置条件而产生管理思想与制度理论的中心思想相一致。第三，"对中国情境的分析"这个二级范畴下的编码之所以会重要到在数据分析过程中反复出现，且足够丰富，以致形成一个单独的二级范畴，其中一个主要原因就是越来越多的企业家具有国际性的心胸和眼界，对源于外国的管理思想和外国组织的管理方法有了解、体会和自己的态度，即企业家所拥有、掌握和可调用的管理思想素材不仅有源于国内的内容也有带有外国基因的内容。而对带有外国基因的管理素材的成功应用或者是否进行应用的决策，以企业家对中国情境的准确分析为前提条件。基于此，才能减少发生花费了资源而又引入了"水土不服"的管理机制的情况。

企业家的思维方式与其对中国情境的分析一起，直接作用于企业家对管理思想素材的应用。换言之，如果说由个人积累和引用外援而得到的管理思想素材是原材料，那么企业家的思维方式就决定着对原材料的加工方法，对素材的应用就是对原材料的正式加工。企业家运用自己的思维方式和对这些信息的态度对内外部信息进行遴选、整理、分析、整合和发展，并在此基础上实现对已获取信息的不同方式的应用。

对素材的应用是企业家产生管理思想的过程中最具实质性的一步，是经过前期的一系列储备之后，终于由原材料到产出产品的正式加工步骤。它受到了企业家思维方式和对中国情境的分析的影响，在形成动机的指引下，对个人积累的素材进行加工，产生自己管理思想的雏形。其产出内容将进入表述形式的加工流程中。

企业家的管理思想借由表述来完成从模糊到清晰的转变，从只有一种感觉到具有确定的内容的转变，从隐性到显性的转变。表述方式体现着企业家的思维特点甚至性格特点，决定着管理思想的传递和传达效果。企业家对其管理思想的表述形式与很多非企业家群体有显著不同，具有明显的群体特征——直接、清晰、目的性强且尽量避免歧义。企业家对在之前流程中逐步产生的有关管理的想法通过这些表述形式进行加工。这一加工过程是对这一思维产品进行整理、清晰化、修饰甚至包装的过程，也是正式管理思想产出前的最后一步。至这一步终了，企业家脑海中一系列与管理有关的零散知识和想法终于成了关于某些管理问题的知识体系，成了管理思想。

4.4　本章小结

本章首先对本研究的整体调研情况、研究结果和第4、第5、第6章的布局进行了概述。随后，本章阐述了中国企业家管理思想形成过程第一阶段部分管理思想产生过程的七大类要素，阐述了七大类要素间的作用关系，也阐述了企业家在七大类要素的作用下产生自己部分管理思想的过程。

在企业家从无到有地产生自己管理思想的过程中，众多因素在发挥着作用。本研究将其中的主要因素归为七大类。这七大类要素之间存在作用关系，又共同作用于企业家部分管理思想的产生。企业家利于管理思想产生的日常状态是其实现管理思想的从无到有的基础。在这种日常状态的保障下，企业家产生形成管理思想的动机，不断丰富个人积累，形成自己对中国情境的分析和自己的思维方式，然后在特定动机的指引下对产生自己管理思想的素材进行应用，再用特定的表述形式对思想进行整理，最后产生自己的部分管理思想。经由这一过程，企业家产生了星星点点的管理思想，为接下来的管理思想系统性衍生过程和管理思想变化过程储备了素材。

第5章　中国企业家管理思想形成过程之阶段二：系统性衍生过程

本章对中国企业家管理思想形成过程的系统性衍生阶段进行阐述，分析企业家从有部分管理思想到形成具有系统性的一系列管理思想，逐渐建立和丰富自己管理思想体系的过程。本章内容对应核心范畴"管理思想的形成过程"下的第二个子核心范畴"管理思想的系统性衍生"。第一节阐述本阶段构成概要。第二节对中国企业家管理思想系统性衍生过程中的五大类要素逐一结合编码和示例进行详细阐述。第三节阐述本研究发现的中国企业家管理思想体系五层框架。第四节论述管理思想系统性衍生过程和机制。最后一节对本章内容进行小结。

5.1　中国企业家管理思想系统性衍生过程构成概要

本研究发现，有时企业家在阐述一些管理思想时会谈及关于另一些管理问题的思想，并且会明示或在其言语中暗含这些管理思想的产生之间具有的作用关系。通过对这一类型原始数据的编码，本研究发现了中国企业家管理思想形成过程的第二个阶段：系统性衍生阶段。子核心范畴"管理思想的系统性衍生"在开放性编码中和选择性编码中分别得到了四级共计521个编码和四级共计1106个编码的支持。

就本研究所获的数据来看，优秀企业家的任何一个管理思想都不是孤立存在的，而是与该企业家的其他管理思想具有联系性和一致性，共同构成了该企业家的管理思想体系。正如第四章中的图4－1所示，中国企业家管理思想体系的内部由多种成分构成。通过编码分析，本研究印证了雷恩和贝德安（2011）所提出的观点，即管理思想是分层的。本研究发现了五个层次的管理思想，即子核心范畴"管理思想的系统性衍生"下所对应的五个二级范畴："价值层管理思想""假设层管理思想""概念层管理思想""准则层管理思想"和"活动层管理思想"。这五层管理思想既是中国企业家管理思想系统性衍生过程中的要素，又是中国企业家管理思想体系中的要素。

表 5 - 1 给出了归属于子核心范畴"管理思想的系统性衍生"之下的部分原始数据及其对应编码的示例。

表 5 - 1　原始数据和编码示例二

研究对象编号	原始数据	编码
A1	"我们经营的当然是服务，但本质上我们经营的是信任。我们是要掌握客户的详细财务状况的，不能获取客户的信任，怎么能让客户放心地把真实的财务状况给我们呢。"	经营对象；经营对象的本质
A1	"对于我们这种行业来说，我觉得企业最不能丢的东西就是客户，尤其是那些优质的客户。这些客户就是我们的核心竞争力……确定了这个才能谈下面的事情。"	核心竞争力的定义
A1	"相应地，企业中的环境得能够让员工更好地为客户服务，为员工更好地为客户服务提供便利。"	对环境的要求
A2	"目前来说，谁是国内的行业第一，谁就是我们的对手，但是长远来讲，我们自己是我们永恒的对手。不久的将来，我们可能会超越其他企业成为国内的业内第一。之后，我们的对手可以是国际上的对手。而我们有一天也许又会超越他们。但是对自己的超越则没有尽头，可以激励我们一直变得更好。"	阶段性的对手；永久性的对手
A2	"慢慢就开始想把管理的概念想清楚……管和理就是管理，把人、事、物和时间管起来，然后理顺。"	哪些工作是管理
A3	"所以管人是表象，管人心是本质。"	与管理表象相对的管理本质

5.2 中国企业家管理思想系统性衍生过程五大类要素及其构成

5.2.1 系统性衍生过程要素一：价值层管理思想

在管理思想体系中，最深层的管理思想或者说最具根基性的管理思想是价值层的管理思想，体现着企业家在管理活动中的价值观，是其他管理思想背后的价值基础。价值层的管理思想体现着企业家在企业中、在管理中所在意、重视的要素，以及对这些要素的重要性排序。在本研究中，企业家价值层的管理思想包含三类思想，或者说企业家的管理价值观包含三个方面，即有关管理要素、管理要素的优先级和人与组织的关系的思想。也就是说，管理要素、管理要素的优先级和人与组织的关系是企业家管理思想框架中价值层的三个要素。

在这三类思想之中，企业家关于管理要素的思想解决的是管理要考虑哪几股力量或者说哪些资源的问题，体现的是企业家在众多纷繁的人、事、物之中做出的取舍。企业家关于管理要素的思想主要包含两个方面：管理的一般要素以及情境中的管理要素。企业家在给出自己心中与管理要素相关的观点时，通常有两种方式。一种方式是直接给出所有的管理要素，也就是不对其进行区分。比如说，A7认为对他来说，其所在企业的管理需要关注三个要素：汽车厂商（相当于是该企业产品的直接消费者）、原材料供应商和本企业员工。另一种方式是对一般管理要素和情境所带来的管理要素进行区分，或者在观点中暗含对情境要素和一般要素的区分，并对其分别做说明。比如，柳传志（2002）认为管理有三要素：建班子，定战略和带队伍，同时在中国做好总裁除了要掌握三要素，还要有对中国环境的适应和改造能力。又如，张瑞敏（2005）提出在计划经济时代，企业家主要是用"一只眼"盯住政府；在市场经济环境中，需要"两只眼"分别盯住用户和员工；而在由计划经济向市场经济转化的过程中，则需要"三只眼"分别盯住用户、员工还有国家政策。再如，A14认为对于他所掌管的第一个企业即主要业务是精密零件制造的企业来说，该企业的管理有三个要素：资金、技术和员工；而对于他所掌管的另一个企业即主要业务为农业观光的企业来说，身为该企业的领导人他关注的管理要素也有三个，分别是资金、员工和生态环境。

对本研究中的企业家所提到管理要素进行梳理，发现最常被企业家关注的管理要素有六类：员工类，包括核心班子、核心班子的储备力量和全体员工等；用户与消费者类，包括用户、客户和消费者等；资产类，包括现金流、应收账款和资金等；政府与政策类，包括政府、行政环境和国家政策等；行业与规则类，包括行业协会、行业环境和行规等；与业务相关的其他要素。

关于管理要素优先级的思想解决的是在已筛选出的要素之中谁更重要的问题。换句话说，管理要素的优先级决定着当不同管理要素对企业提出了不同的需求、存在取舍问题或者利益冲突时，应当先对谁的需求予以满足或者向哪方倾斜。作为研究对象的企业家对于管理要素优先级的观点往往与其所提的管理要素相呼应。一般来说，他们或者对所有要素进行排序，明确每一种管理要素的位序；或者界定出最重要的一个要素。雷恩和贝德安（2011）在其管理思想史著作中表示，管理中最重要的元素就是有生命力的组织中的人。这实际上就是关于管理要素优先级的思想，一项价值层的管理思想。拥有类似观点的企业家以 A8 为例。

> 人是管理中最重要的要素，有人才有一切。说简单点，没有员工只有机器能生产吗？自动化程度再高，我一个人也不能自己去生产线上把所有的按钮都按了呀。更何况我们这个行业还需要人工、需要温度、需要对动物有爱。再往高了要求，我自己的能力总是有限的，有人才才能求新求变，才能谈创新和发展。（A8）

企业家关于人与组织关系的思想其实就是关于员工与企业的关系的判断。人与组织的关系具有两个主要维度：人与组织的次序关系和人与组织的成就关系。本研究中企业家关于次序关系的思想可以被大致归纳入两类观点：组织是人的组织，人是组织位置上的人。前者以"人"为主，强调人作为个体，"聚"成组织。后者以"组织"为重，强调人是组织中的模块，身处于组织中的人先有"组织性"再有个性。持有第一类观点的企业家例如 A3，在第 4 章中已经介绍过他将员工分为两类，一类能力有限的和一类有能力但是不得不留在本地的。其中，第一类员工主要做一些不那么重要的或季节性的工作，或者是给第二类员工提供支持。而第二类员工构成了他企业的主体力量，也是他主要考虑的群体。

> 其实很多留守在村里的人也是有能力、肯吃苦、愿意干活，也想做出点成绩来的，但是大家都是不得不负担起家里的担子不能离开村子、没办法去大城市打工。那我这几个厂子主要就是把这批人聚集起来，大家共同搞事业。（A3）

持有第二类观点的企业家例如 A7，他提到"我们这个厂已经有 60 年的历史了，就像一台大机器一样，这么多年螺丝钉们来来去去，新的换旧的，也一直保有活力"。本研究中企业家关于人与组织成就关系的思想同样可以大致归入两类观点：人成就或者说造就了组织；组织培养、教育或者说塑造了人。

绝大多数企业家自己对管理要素、管理要素优先级和人与组织的关系这三个方面的思想是具有一致性的。也就是说，他/她所认为的最重要的管理要素必然出现在被列举出的多个管理要素中，而在管理要素排序中人或者员工的次序如果排在最前面，那么往往在人与组织关系的判断中，企业家的观点可以被归入"组织是人的组织"或者"人成就了组织"那一类之中。

图 5-1 中展示了本部分中的主要选择性编码，由于篇幅原因，省去了大量概念层次处于最低一级的选择性编码。

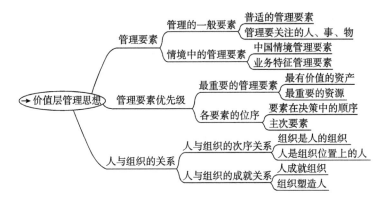

图 5-1　主要选择性编码八

5.2.2　系统性衍生过程要素二：假设层管理思想

假设层的管理思想主要体现的是企业家管理活动背后的一系列基本假设，也是企业家给企业中的管理下定义并展开后续判断、推理和行为的重要前提假设。这一层主要由关于企业的四类假设和关于员工的假设这五类管理思想构成。

企业家关于企业的四类主要假设分别针对企业的本质、企业的经营对象、企业的对手和企业的发展机理。具体来说，企业家对企业本质的假设往往涉及企业真正追求的东西是什么，企业存在的目的是什么和企业做什么这一系列问题。对这一系列问题的回答看似相近，实则不同。以 A3 的思想为例，其所执掌的企业真正追求的东西是"企业中每个人自我价值的实现"，企业存在的目的是"配合当地的脱贫攻坚、种植结构调整和一、二、三产业融合"，企业所做的事情是"创造收益，创造利润"。

与企业本质这一系列问题相似，企业家关于企业经营对象的思考也往往具有层次感，往往包括企业的直接经营对象和经营对象的本质分别是什么。以 A1 的思想为例，"我们经营的当然是服务，但本质上我们经营的是信任。我们是要掌握客户的详细财务状况的，不能获取客户的信任，怎么能让客户放心地把真实的财务状况给我们呢"。

类似的还有企业家关于企业对手的思考，也涉及两个主要层次：企业阶段性的对手和永久性的对手。换句话说，通常企业会存在至少两种对手，在某一阶段中的对手和长久不变的对手，就像 A2 所说的那样。

> 目前来说，谁是国内的行业第一，谁就是我们的对手，但是长远来讲，我们自己是我们永恒的对手。不久的将来，我们可能会超越其他企业成为国内的业内第一。之后，我们的对手可以是国际上的对手。而我们有一天也许又会超越他们。但是对自己的超越则没有尽头，可以激励我们一直变得更好。（A2）

本研究中企业家关于企业的假设中的最后一类是针对企业发展机理的思考，涉及两个主要方面，分别是企业生命力所在和企业行业地位的来源。企业家对企业生命力所在有不同的表述方式，这些方式的侧重点略有不同。比较典型的表述有：“企业生产力的来源”（A1）、“企业发展的动力”（A2）和“企业发展的驱动因素”（A3）等。

企业家关于员工的假设与企业家对人性的看法密切相关，具体来说有两个维度：一是对员工人性的假设，或者说关于员工的本性的思考；二是对员工需求的假设，或者说关于员工的需求的思考。管理学理论中有关于人性假设的经典理论。比如，X – Y 理论提出 X 理论认为大多数人是懒惰、不愿意工作、不乐于承担责任也不善于克制自己的，于是需要依靠外界来控制人的行为；而 Y 理论认为大多数人并非是不愿意工作和倾向于逃避责任的，只要条件合适，他们是可以在工作中发挥才智与创造力的，所以人的行为主要依靠自我控制和自我引导（McGregor，1957）。企业家则更具体地针对员工本性进行思考，比如，员工的本性是好还是坏，是想把工作做好还是总想使坏；是勤奋还是懒惰，是喜欢工作还是常有惰性等。管理学研究中对人的需求问题也做出过影响深远的表述。比如，需求层次理论将人的需求分成了五级，由低到高分别是生理需求、安全需求、情感需求、自尊需求以及自我实现需求（Maslow，1943）。企业家则更多进行关于本企业员工需求的思考，比如，员工来这里为的是什么，要的是什么；以及更具选择意味的思考，比如，金钱、尊重、个人理想的实现或是个人价值得到承认等都是员工希望得到的东西，但员工最看重的是其中的哪一项或者哪几项才是真正的需求点。

假设层的管理思想与价值层的管理思想类似，也具有横向一致性。即大多数情况下，同一企业家对于企业的本质、经营对象、对手和发展机理及其对员工的假设的认识不存在矛盾之处，是自洽的。举例来说，A3 认为企业的本质是追求"企业中每个人自我价值的实现"，也认为企业生命力所在是"员工的想要做成事而心中憋着的那股劲"；与之一致，他对员工需求的假设是"在确保温饱的情况下，他们还想要追求一种对自身价值的认可"，还有他对员工的人性假设："如果抛开员工的能力不谈，其实人性都是一样的，只要为他们解决好后顾之忧，按时给到他们合理的报酬，他们会积极把事情做好的"。

图 5-2 中展示了本部分中的主要选择性编码，由于篇幅原因，省去了大量概念层次处于最低一级的选择性编码。

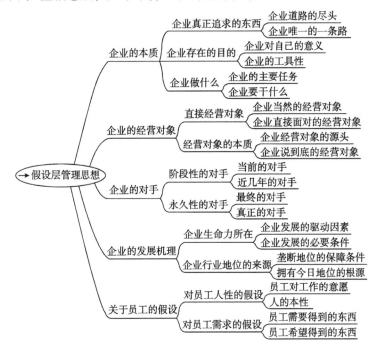

图 5-2　主要选择性编码九

5.2.3　系统性衍生过程要素三：概念层管理思想

概念层的管理思想体现着企业家对管理的认识和理解，具体主要包括管理的概念、管理的本质和管理的目的三个部分。概念反映事物的一般的、本质的特征，是人类对在认识过程中抽取出来的感知到的事物的特点加以概括而形成的（中国社会科学院语言研究所词典编辑室，2005）。

在这一层中，管理的概念是企业家对管理下的一个简明扼要的定义，或者是对管理工作内容做出的界定。从表述上看，有正着说的，即管理是什么或者哪些工作是管理等；也有反着说的，即管理不是什么或者哪些工作不是管理等。例如，A14 给管理下的定义是"管理就是把人组织起来，然后借他们的力一起去做事情"，A15 给管理下的定义是"管理就是去规范"。又例如，A2 对管理工作内容的界定是"管和理就是管理，把人、事、物和时间管起来，然后理顺"，A8 对管理工作内容的界定是"计划，然后确保按计划执行就是管理"。

管理是什么的一个伴随问题就是管理的本质。企业家对于管理本质的思考既体现着企业家对管理活动的深层思考，也展现着企业家为自己给管理的定义所提供的进一步的解释或说明。企业家对管理本质的把握可以归为三个种类，即管理的深层属性、根本属性和隐藏属性。例如，第 4 章中 A3 认为"管理的核心就是管人，就是管人心"，接着他追加说"所以管人是表象，管人心是本质"。A3 给管理下的定义本身就展现了自己对管理的层层递进的理解，在给出管理概念的同时，也说出了管理的本质。这里给出的是管理的深层属性。本节上一自然段中引用了 A14 给管理下的定义，与其给管理的定义相一致，他提出"从实质上来说，管理是要引导他们自主地去为集体、为企业做事"。A14 对管理定义的核心词是"组织"和"借力"，对这一定义进行挖掘，追本溯源地找到的是实现"组织"和"借力"的基础和途径，于是有了他对管理本质的理解中的核心词"引导"。这里的本质关注的是基础和途径，即管理的根本属性。A9 所做的如下阐述否定了一种看似是管理的行为，但是揭示了另一种字面意思之外的逻辑，表达的是管理的隐藏属性。

　　我希望员工能够积极地发挥和创造，但不是直接告诉他们要积极、要创新、要奋斗。管理的本质不是去控制员工按我想要的方式去工作，而是给他们创造空间，去激发他们的活力，让他们自主地去发挥和创造。（A9）

　　概念层的另一部分是管理的目的。具体来说，这部分主要涉及两类问题：向管理要什么，也就是通过管理要实现什么，以及管理目标是什么。这两个问题看似相像，但实际上可以将前者理解为是管理最终极的目的，而后者可以被理解为更加具体的目的。以 A2 的管理思想为例，"向管理要利润"是 A2 想要通过管理实现的终极目的，而其现在的管理目标是一系列具体的指标，比如员工的有效建言数量、平均绩效水平和全勤比率、产品的合格率和次品率以及车间的损耗和节能等。再以 A9 的管理思想为例，"通过管理应该能实现员工对企业的奉献。要做成这件事情，就得给管理树目标，得以提高工人对工作和对公司的满意度为目标，得以激发他们的工作热情为目标"。这里"员工对企业的奉献"是 A9 向管理要的东西，而提高员工满意度和激发员工工作热情则是管理目标。

　　像上两层一样，企业家概念层的管理思想也具有层内的一致性。正如前文所解释的，企业家对管理的概念和本质的理解往往是具有层次性的、递进的或者抛开现象看本质的。同时，企业家对管理的目的的理解往往不与其对管理的概念和本质的理解相矛盾，是在其定义之下的管理所能够做到的。就像前文中提供的 A9 的例子，简言之，A9 认为管理的本质是去激发员工的活力，让他们去发挥和创造。通过这样的管理，如果员工的活力、创造力和主观能动性得到充分激发，就可以实现"员工对企业的奉献"，即 A9 所提出的管理的目的。

　　图 5-3 中展示了本部分中的主要选择性编码，由于篇幅原因，省去了大量概念层次处于最低一级的选择性编码。

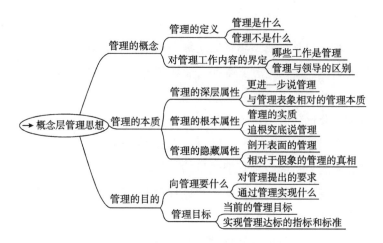

图 5 – 3　主要选择性编码十

5.2.4　系统性衍生过程要素四：准则层管理思想

准则层管理思想体现的是企业家关于管理的整体原则、法则、标尺和标准等。这些原则、法则、标尺和标准等往往影响着企业家关于各类、各项具体管理活动的思想和大多数的具体管理行为，也指导着企业中的各类、各项管理活动。属于这一层次的管理思想主要有三大类，即关于管理的整体原则的思想、关于企业核心竞争力的思想和关于一流标准的思想。

准则层的第一类思想是关于管理的整体原则的思想。管理的整体原则包含四方面主要原则：法制与人制原则、制度设计原则、制度执行原则和环境原则。首先，这里的法制与人制原则体现的是企业家对法制、人制和两者关系的理解和态度，以及在企业管理的过程中施行法制、人制或两者以何种方式结合共存的思想。具体可以包括法制与人制的关系原则、对法制与人制所占比重的要求、法制与人制各自的应用原则以及对两者结合使用的场景和方式的要求等。其次，制度设计原则即对管理制度的设计所做出的要求，可以有对制度设计的公平性、某种倾向性、奖惩力度、柔性或闭环等方面的要求。再次，制度执行原则即对管理制度的执行所做出的要求，具体可以包括对制度执行程度、执行力度和执行中的弹性等方面的原则。最后，环境原则体现的是企业家对企业环境的要求，往往是对软环境的要求但也可以有对硬件的要求，也就是企业家认为应当通过管理来为员工营造什么样的环境。这种环境，尤其是软环境，往往会影响企业文化的形成。在某些特定情况下，企业家也可以建立起这种目标环境与企业文化发展目标的联系，比如说企业家希望通过管理在企业中营造利于创新的环境，也希望企业能够形成创新型的企业文化；但并不是说企业家的环境原则一定体现了企业家的企业文化追求。企业家的环境原则不一定都是促进某种环境的要求，也可以是抑制某种环境发生或发展的要求；可以是关于要营造的环境的要求，也可以是关于维持或保持某种环境的要求等。

准则层的第二类思想是关于企业核心竞争力的思想。该思想主要包含关于什么是核心竞争力的思想以及关于核心竞争力的指标或具体表现的思想。什么是核心竞争力可以是企业家给核心竞争力下的一个定义，或者是将核心竞争力等同于企业的某种能力。核心竞争力的指标或具体表现则可以是核心竞争力的可量化的评估指标，也可以是具象的近似概念或描述。企业的核心竞争力，也就是"是什么让我们这个企业能走到今天，而没有在中途倒下"（A8），是"企业最不能丢的东西"（A1），是"企业赖以生存的优势"（A4），是企业"不惜血本也要保持下去的东西"（A2）。它如此重要，以致企业家往往在相对早期的时候就会先对本企业的核心竞争力有一个思路，然后随着企业的发展和企业家的成长，这个思路可能一直不变，也可能会由一开始的模糊概念逐渐清晰化成为一个确定而具体的东西，也可能会不再适用于新的情境或随着企业家理念的变化而发生改变。比如 A3 说一开始他们的核心竞争力其实就是人脉，因为有一个相关的许可证很难拿到，也就是说行业的门槛比较高，但是他可以通过努力拿到这个关键的许可证，而周边城市对此类产品的消耗量又足够大，所以只要产品质量没问题就不愁销路。但是慢慢地他意识到"这不是长久之计，否则你发展到一定程度也就到头了，总不能老靠着别人没有更好的选择来生存吧"（A3）。于是他开始进行一系列调整，希望将传统技艺和精良原料发展成企业新的核心竞争力。之后的事实也证明，他取得了成功。

准则层的第三类思想是关于一流标准的思想。在本研究中，最受企业家重视的有两类标准：一流企业的标准和一流企业家的标准。企业家在表述此类思想时所用的形容词不尽相同。这里所谓的"一流"标准指的是企业家认为企业或身为企业家应当呈现的或理想的样子，或者说优秀的或一流的企业或企业家的标准。

像上三层一样，企业家准则层的几类管理思想往往也呈现出彼此间的一致性。以 A1 的管理思想为例，他对一流企业的标准，也就是 A1 所说的"好的企业"的标准，是"能够稳定地持有一批优质的客户"。这一标准与他（A1）所提出的企业核心竞争力及其体现相一致。"对于我们这种行业来说，我觉得企业最不能丢的东西就是客户，尤其是那些优质的客户。这些客户就是我们的核心竞争力……"他所提出的环境原则也能够为增强企业核心竞争力和建立一流企业服务，即企业的环境应该能够"为员工更好地为客户服务提供便利"（A1）。

图 5-4 中展示了本部分中的主要选择性编码，由于篇幅原因，省去了大量概念层次处于最低一级的选择性编码。

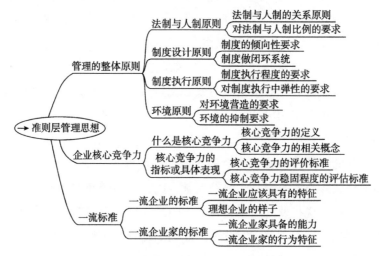

图 5-4 主要选择性编码十一

5.2.5 系统性衍生过程要素五：活动层管理思想

活动层管理思想主要体现的是企业家对企业管理中具体管理活动的思考，涉及其对各类、各项管理活动的理解和其中的理念、模式及方法等。进入这一层，企业家的管理思想将管理切分为不同的板块，做更有针对性的探讨。企业家的活动层思想涉及管理方方面面的具体活动。这些思想不仅涉及大的管理活动类目，例如战略管理、人力资源管理、营销管理、财务管理、企业文化管理、生产与质量管理、组织与管理结构设计、创新与研发管理和风险管理等，也深入一线、涉及这些活动大类下所包含的更具体的某种特定管理活动，例如关于国际化、出口、兼并、招聘、选拔和绩效等的管理活动。

"活动层管理思想"是子核心范畴"管理思想的系统性衍生"之下的最后一个二级范畴，其下包含四个一级范畴："对具体管理活动对象的理解""具体管理活动的原则""具体管理活动的操作指导思想"和"具体管理活动的模式和方法"。也就是说企业家的活动层管理思想主要涉及对具体管理活动的理解、具体管理活动的原则、具体管理活动的操作指导思想以及具体管理活动的模式和方法四个方面。

活动层的第一类管理思想是对具体管理活动对象的理解。企业家对具体管理活动对象的理解含有三个主要方面：具体管理活动对象的界定、具体活动对象的地位和具体活动对象的结构。也就是说，企业家对具体管理活动对象的理解主要是在回答某一管理活动的对象是什么、针对这一对象所进行的管理活动在全体企业管理活动中占有怎样的地位、该对象如何分类以及各类别之间存在怎样的关系等一系列问题。

第一，企业家通过多种方式对管理活动对象进行了界定。例如，该对象是什么，不是什么；该对象的目标定位是什么。比如，"企业文化是企业在长期生产、经营、管理实践中，逐步形成、不断发展的具有企业特色的理念、价值观、制度、行为方式等的总称"（王健林，2015，p. 253）。又比如，创新是创新管理的对象。对其进行界定，可以将创新的目标"定位为创造一个有价值的订单"（张瑞敏，2005，p. 46）。

第二，企业家对管理活动对象地位进行考虑的时候有多个着眼点。比如，它对于企业的意义是什么、对于企业的生存和发展意味着什么、重要性如何或者必要性如何等。

第三，企业家关于管理活动对象结构的思想有不同的视角。比如，该对象应该如何被切分或划分成不同的组件或类别，各组件或类别是什么意思、具有怎样的内涵，以及各组件或类别之间存在怎样的关系等。企业家给管理活动对象划分结构的方式也不是一成不变的，往往会根据具体的对象选择不同的切分方式。以张瑞敏（2005）的管理思想为例，可以像饼图一样按照类别进行切分，如将风险分为寻找发展机会中的风险和必死无疑的风险；可以按照不同维度进行平行切分，如将国际化细分为管理的国际化、服务的国际化和品牌的国际化；还可以像洋葱一样由内向外切分成核心与外延等层次，如图 5－5所示，指出企业文化内涵中最核心的东西是拼搏精神。

图 5－5　企业文化洋葱模型

资料来源：本图由笔者根据张瑞敏（2005）管理思想所绘。

活动层的第二类管理思想是关于具体管理活动原则的思想。其中主要有三方面，即具体管理活动的核心原则、具体管理活动的目标和指导原则以及具体管理活动中的权变原则。第一，具体管理活动的核心原则相当于该项管理活动的最高纲领。比如 A14 提出的人力资源管理的核心就是"只要他对公司有价值，就得肯定他/她的价值"。第二，具体管理活动的目标和指导原则是核心原则的次一级纲领，体现着企业家期望该项管理活动具有的功效、通过该项管理活动想要达成的目的以及对该项管理活动的基本要求。比如 A14 对人力资源管理提出的"公平和公开"原则以及对风险管理提出的"以危害为重，以几率为轻"原则。第三，具体管理活动中的权变原则往往体现着一些

"变"与"不变"的规则。这些规则指导着具体管理者或各分公司、各部门在各自的特定管理活动中确定哪些东西是可变的、应变的、可实现差异化的或应具有差异化的，哪些是不可变的、是需要严格按照公司预设好的去执行、去操作的。

活动层的第三类管理思想是具体管理活动的操作性指导思想。其主要包含两个方面：进行具体管理活动的要领以及具体管理活动的行为逻辑和主要步骤。这一类思想往往涉及操作层面的技术性精髓，与管理活动中的具体模式和方法共同构成了通常所说的"干货"。进行具体管理活动的要领往往是通过一两句话提纲挈领地概括进行该项管理活动。比如"做好国际化有一个诀窍，就是在当地把自己当作是一个本土公司，别从心里觉得自己是个外来户"（A13）。行为逻辑和主要步骤为某项管理活动指明行动路径或方向、攻克问题的先后顺序或步骤等。比如在讲述企业兼并的成功经验时，张瑞敏（2005，p.26）讲到"我们第一个去的部门不是财务部门，而是企业文化中心，重要的是先让它接受海尔的管理观念，一些理念，同时也要移植过去海尔的一些管理模式"。

活动层的第四类管理思想是有关管理活动中具体模式和方法的思想。顾名思义，这类思想为管理活动提供了具体的模式和方法。这些思想可以按照管理活动大类划分入不同区块，比如战略管理、财务管理、人力资源管理、外部关系管理、创新与研发管理、组织结构管理以及生产与质量管理的具体模式和方法等。例如，茅理翔（2013）关于家族企业家族成员股权明晰的"口袋理论"及其配套方案、关于人才培育的新员工的"阳光计划"和从骨干到管理者的"飞翔计划"以及关于家族企业接班人传承的13种传承模式；梁伯强（2008）的"双品牌战略"、关于中国企业开拓国际市场的四种品牌办法、关于客户管理的"150商圈"思想；刘强东（2016）的京东"倒三角战略"、关于人力资源管理的八项规定以及招聘和选拔的四个特质标准。

活动层中的四类思想分别涉及具体管理活动的对象、原则、操作指导思想以及模式和方法。如图5-6所示，它们体现了企业家从"务虚"到"务实"的过程。前两类是具体管理活动的概念层和准则层思想，体现的是企业家相对抽象的理念。第三类是从"虚"到"实"的过度，呈现的是一些经过提炼的"干货"，相较于前两类思想更加具体，也对实践操作更具有指导性。相较于前三类来说，第四类是"手把手教管理"。这一类管理思想具有较强的实用性，也是最多被学习和研究的一类企业家管理思想。但是如果孤立地去看或者孤立地去学这一类管理思想，掌握到的信息可能会比较碎片化，容易缺乏系统性，也容易缺乏组合拳的支持和配合，同时也可能会忽视其背后蕴含的适用条件，进而导致实际的应用效果大打折扣。

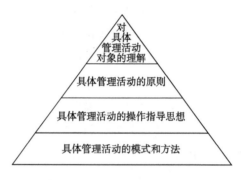

图5-6　活动层管理思想结构图

图5-7中展示了本部分中的主要选择性编码，由于篇幅原因，省去了大量概念层次处于最低一级的选择性编码。

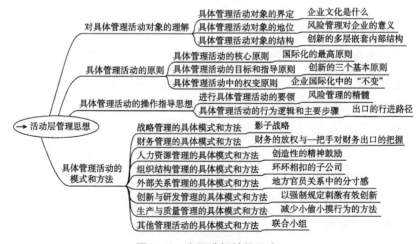

图5-7　主要选择性编码十二

5.3 中国企业家管理思想体系五层框架

通过理论性编码，本研究发现这五层管理思想可以构成金字塔式的五层框架。如图5-8所示，中国企业家的管理思想体系由深层至表层的五个层次依次是：价值层、假设层、概念层、准则层和活动层。在这样一个管理思想体系中，越上层的管理思想统领性越强，影响范围越广，抽象程度也越高；越下层的管理思想越有针对性，涉及的问题也越具体。活动层的管理思想是最具显性性质的，指的是有关某类或某种特定管理活动的管理思想，包括对某类或某种特定管理活动的对象的理解以及进行该活动的具体原则、操作指导思想、模式和方法等。活动层是五层管理思想体系中最表象的部分。而其之上的各层管理思想分别关乎管理的整体原则和标准、对"管理"这一概念的认识和理解、管理行为背后的基本假设还有管理中的核心价值观。这四层中的管理思想都更具隐藏性，如果企业家不直接讲出来，是很难被直接发现的，需要借由对企业家具体管理活动的分析而间接抽取出来，但却是具体管理活动方法的基础，也是具体方法得以成立和有效的前提。对这五层管理思想自上而下逻辑关系的进一步阐述被置于第5.4节中。

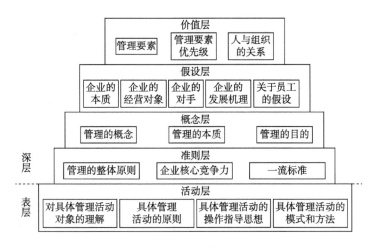

图5-8 中国企业家管理思想体系五层框架

成熟企业家的管理思想往往可以对应填入类似图 5-8 所示的这种管理思想框架中，绘制成他/她的管理思想架构图。从外界来看，企业家的这种管理思想架构图就像一个逐步从空中一直连接到地面上的金字塔。这之中，活动层的内容多而且就像在地面上，往往肉眼可见；准则层和概念层内容适中且就在空中，若隐若现；而假设层和价值层则内容不多且往往已经隐藏在云层中，透明度很低。虽然价值层和假设层中的内容占少数，但这些内容却更重要，统领性更强，并且影响面也更大，因为它们是基础，是根基，是那些多数的、具体的、针对特定问题的管理思想的底层逻辑。

5.4 中国企业家管理思想系统性衍生过程及机制

通过理论性编码，本研究发现在这个五层次系统中，除了已经阐释过的层内管理思想一致性之外，企业家的管理思想体系还具有纵向一致性——上层管理思想是下层管理思想的基础和前提，下层管理思想是上层管理思想的体现和应用。这里的中国企业家管理思想五层框架揭示的是上、下层管理思想之间的逻辑关系——上层管理思想决定着下层管理思想，但并不是企业家管理思想产生的顺序。虽然，上层管理思想是基础，但越是上层的问题越难产生答案，越具有抽象性和统领性，对企业家来说思维难度越大，越需要企业家的经验和领悟力，越不是一开始就能想明白和决定下来的。

在不受外界刺激的情况下，在企业家已经将所有上层管理思想中所涉及的问题想清楚了的情况下，如图 5-9 中实线所示，企业家下层的管理思想往往由上层管理思想决定，下层管理思想中隐含着某些特定的上层管理思想，并且与其他上层管理思想相一致，以使管理思想体系的内部具有逻辑自洽性。也就是说，当企业家已经相对成熟，对上层管理思想已经有了大概的想法和思路，至少已经基本具备雏形之后，可以采用自上而下的管理思想产生顺序。

但就本研究中的研究对象来看，现实情况往往是企业家会随机地产生部分管理思想，这些思想不一定处在管理思想体系中的什么位置。一般来说，如果企业家产生了部分下层管理思想，那么这些思想

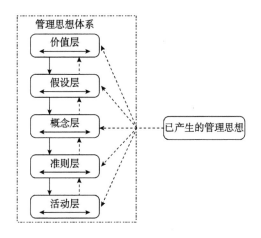

5-9 中国企业家管理思想的系统性衍生机制

往往蕴含着一些前提，是属于上层的管理思想，也就是会或有意识地或无意识地确定下来部分与之对应的上层管理思想。此时上层管理思想可能并不是他/她的目标，相反下层管理思想才是，尽管此时这些上层管理思想可能还并没有被梳理或明晰化出来。

此后，如图5-9中的虚线和实线所示，随着管理思想体系中各部分的关联性，企业家会不断由已经产生的管理思想和不断丰富的实践、体会和思考等，衍生出管理思想体系中的其他内容；企业家也会陆续接收到外界有关管理思想的信息，通过第4章所阐述的产生过程产生一些新的、有关其他内容的管理思想；继而又由此在体系中衍生出更多的管理思想。按照这样的过程，越来越多的管理思想被填充进企业家的管理思想体系中，使该体系变得越来越丰富和完善。

当然，企业家已经产生的管理思想也可能会随着新的信息、经历和思考等发生变化。这种变化情况将放在第6章对本研究中的另一个子核心范畴"管理思想的变化"的阐述中具体展开。

以下阐述的是企业家管理思想体系中五个层次之间自上而下的逻辑关系。

价值层的思想对于企业家的管理思想体系来说，就像是其中的哲学基础，指引着一次又一次的选择。正如个体的价值观影响着个体的其他思想，左右着个体对各种思想和行为的判断和认同，并且不断用于对自己思想和行为的反思和校准。价值层的管理思想也对下面各层次的管理思想产生着深远且持久的影响。而且，其下各层的管理思想也往往都能找到其中蕴含的价值层管理思想的影子。例如，给管理下的定义很难脱离对管理所涉要素的选择，很难脱离对人与组织关系的判断。价值层的管理思想直接影响着企业家对企业管理有关问题的一系列基础假设，也就是假设层的管理思想；并且通过假设层的思想进而依次影响着企业家对一系列管理基础概念的定义，即概念层的管理思想；再延伸到企业家对管理中一系列准则和标准的界定和认定，即准则层的管理思想；直至影响到企业家关于具体管理活动中使用的原则和方法的思想，也就是活动层的管理思想。就像 A8 所说，"可能大家会有不同的看法，但是我奉行以人为本的管理，因为就像我之前所说的那样，有人才有一切，而往往有人就会有一切，就能创造一切"。

假设层的管理思想是在符合企业家管理价值观的情况下，从价值层出发向具体管理实践迈进一步的一类管理思想。和价值层管理思想一样，它也为后续更为具象化的管理思想提供着选择和前进的方向，指引着企业在具体的管理活动中，也就是企业往哪个方向或因素上去使劲。以企业家关于员工的假设为例来阐述假设层管理思想对下层管理思想的影响，无论是对人性的假设还是人的需求，管理学研究中都有很多经典的观点和理论，并且承认这两个问题在管理学中的重要基础意义。企业家也同样没有忽视对人的本性和需求的关注，提出了很多关于员工本性和需求的观点，而且把这些观点带入自己的其他管理思想中去。张瑞敏的一项影响力极广的管理思想创新是"人单合一"。"人单合一"可以说是一种管理模式上的创新，但是根据张瑞敏（2017b，p. 11）的讲述，它"说到底就是人性的本质"，是"把人当作目的，把人的价值充分发挥出来"。这就是管理模式背后蕴含和使用的假设层管理思想。

进入概念层，企业家已经从价值层对抽象问题的思考和假设层对企业和人的思考中完成了"隐藏在云雾中"的前期准备。从这一层往下，企业家的管理思想框架开始进入针对管理及其具体活动的具象思考中，继续向"接地气"的具体问题逼近，进而指引着管理实践。正常情况下，企业家在概念层思想中所展现的对管理的理解与其价值层和假设层的思想协同一致，并且在准则层、活动原则层和活动方法层的思想中有所体现。以前文中提到过的 A3 的假设层管理思想和概念层管理思想为例，A3 认为在劳动和工作问题上，员工的人性是积极的，即只要条件符合员工心中的那杆秤，他们就会好好工作。那么对管理而言，只要把握住员工的心，他们就会有积极的工作态度和行为，就等于抓住了员工的人。

企业家准则层的管理思想展现了企业家心目中的多把标尺，既为企业或企业家树立了基准和标杆，也体现着企业家做企业、做事甚至做人的价值观和一系列的管理理念，同时也为企业的具体活动指引了方向。

活动层的管理思想是企业家管理思想体系中的最终端部分，也是最显性的部分，直接指导实践。它可能是企业家在最开始建立自己的管理思想框架时，以实用主义方式确定的最初目标。有效实现其实践价值的前提是确保其恰当匹配前几层管理思想，与整个管理思想体系不发生冲突且具有一致性，由此才能使整个企业的管理不至于发生明显的不连贯、不合逻辑甚至自相矛盾。活动层管理思想的源头在前几层管理思想中，由前几层管理思想所衍生和决定并与前几层管理思想中的理念相一致。

5.5　本章小结

本章对中国企业家管理思想形成过程的第二阶段系统性衍生过程及其中的五大类要素进行了阐述。在对五大类衍生过程要素进行详解的基础上，本章对企业家各方面管理思想所构成的体系进行了解析，对管理思想体系内各层、各部分之间存在的联系和依托关系进行了阐述，也对管理思想系统性衍生的过程和机制进行了分析。

企业家关于各方面管理问题的管理思想组成了企业家的管理思想体系。本研究将中国企业家管理思想体系划分为自深层到表层的五个层次：价值层、假设层、概念层、准则层和活动层，并在中国企业家管理思想体系五层框架中自上而下以类金字塔型呈现这五个层次的管理思想。中国优秀企业家的管理思想体系是具有横向一致性和纵向一致性的，即同层内的管理思想具有一致性且不同层次之间的管理思想也具有一致性。企业家在管理思想形成过程的第一阶段产生自己的部分管理思想之后，在本阶段中，逐渐通过管理思想体系内各层、各类思想之间的关系和联系，产生更多彼此互联的管理思想，逐渐建立和丰富自己的管理思想体系。

第6章 中国企业家管理思想形成过程之阶段三：变化过程

第4章和第5章阐述了企业家形成部分管理思想并逐步形成自己管理思想体系的过程及其要素。本章对中国企业家管理思想形成过程的第三阶段，即变化过程，进行阐述。第一节阐述本阶段构成概要。第二节结合编码和示例对管理思想变化过程的六大类要素，即子核心范畴"管理思想的变化"下的六个二级范畴，进行详解。第三节对基于理论性编码得到的各大类要素在管理思想变化过程中的位置、中国企业家管理思想的变化过程以及六大类要素的内涵进行阐述。最后一节为本章小结。

6.1 中国企业家管理思想变化过程构成概要

企业家的管理思想体系形成之后，并非一成不变。除了不断丰富完善之外，企业家的管理思想往往还会时常在不同诱因的影响和触发之下产生或多或少的变化。正如雷恩和贝德安（2011，pp. 385 – 386）所说，"随着技术、制度和人的改变，管理思想也在演变，以解决人类最古老的问题——配置和利用稀缺资源以满足一个不断变化的世界的多样化需求"。本研究的核心范畴"管理思想的形成过程"中的第三个子核心范畴"管理思想的变化"聚焦的正是中国企业家从产生管理思想变化的意识、到实质的变化被触发、直到一轮变化完成的过程。子核心范畴"管理思想的变化"在开放性编码中和选择性编码中分别得到了四级共计405个编码和四级共计1436个编码的支持。

在本研究中，中国企业家管理思想变化过程中有六大类要素：管理思想变化的意识、管理思想变化的诱因和时机、对寻求管理思想变化的确认、管理思想变化的产生、管理思想变化的系统化和管理思想体系的跨时间系统性。这六大类分别是子核心范畴"管理思想的变化"下的六个二级范畴，而且其下又各自包含若干个一级范畴。

表6-1给出了归属于子核心范畴"管理思想的变化"之下的部分原始数据及其对应编码示例。

表6-1　原始数据和编码示例三

研究对象编号	原始数据	编码
A1	"管理创新是企业生命力的带动力。"	管理创新对企业生命力的带动
A1	"企业发展到后来，员工规模和业务的规模都翻了几番，那时候明显原来老的管理方法就开始显得有点吃力了……早期的时候，我经常一有时间就去他们（员工）家里坐坐，看看他们家里的需要，也聊聊他们最近的工作感受。我对每一个人都很熟悉。他们跟我也很亲近。但是那时候就不行了，好多新进来的员工我甚至都不太认识。"	思想的时效性；反思思想与企业发展阶段的匹配度
A1	"观念啊，意识啊，有了变化，那再来审视自己之前的有些做法，就不是那么回事了，有些逻辑、有些想法就不成立了、不对了。这都得变。"	观念意识变化使相关做法、逻辑、想法不成立；改变变化思想关联的思想
A2	"管理创新对企业来说是非常重要的，如果用得好，它就能把整个企业都盘活了。"	管理创新对企业的盘活
A3	"以前管理上的很多东西随着我们的业务扩展到外地，离开我们生长的这个城市，就得跟着变化。"	管理得随走出家乡而变化
A3	"经常要到处走走看看，看看有什么新东西出来了。首先，不能视而不见。然后看到了就要抓住，不能因为自己的松懈而错失掉有价值的东西。这才能不断有新的认识和观念，淘汰旧的思想。市场是这样，管理也是这样。"	保持敏感度；及时把握新东西；及时改变旧的认识和观念

6.2 中国企业家管理思想变化过程六大类要素及其构成

6.2.1 变化过程要素一：管理思想变化的意识

企业家具有管理思想变化的意识就是企业家认识到管理思想需要变化，而非需要固守或不能改变，并且有意识地去寻求管理思想的变化。企业家管理思想变化的意识具体来说包括两类：其一是对"变化"的认识；其二是对管理创新重要性的理解。

企业家管理思想变化的意识的第一类是对"变化"的认识。企业家对"变化"的认识展现着企业家对事物变化的态度和意识，尤其是与管理思想有关的事物的变化，具体表现在三个主要维度上，分别是"变是常态"的意识、变化着的外界和变化着的企业。"变是常态"采用的是张瑞敏（2005，p.38）在形容海尔企业管理时的说法，他强调海尔不像有些企业无论外界如何发生改变都不为所动，常年不变，海尔认为"变是常态"。在本研究的研究对象中，有不少企业家也阐述了类似观点。比如 A4 所说的，"什么都可能发生变化，唯一不变的就是'变'。变化是一定会发生的"。

企业家阐述了很多持续变化着的外界事物，而正是这些外界不断发生的变化致使企业家的管理思想也要不断变化以便跟上这些变化，"同步世界的变化"（任正非，2017d，p.315）。就像企业家所提出的那样，政策在变（A7）、机会在变（A5）、时局在变（霍英东，2013），这一系列外界事物都在不断变化着，"所以管理怎么能不变呢"（A4）？

变化着的企业是企业家对"变化"的认识的第三个维度。企业规模的变化、发展阶段的变化、条件的变化和资源的变化等都会对管理思想的适用性产生影响。相应地，企业家至少需要响应这些变化，更理想的情况是对将要发生的变化进行预判，并将自己的管理思想做出调整以应对这些变化或为应对这些变化做好准备。

企业家管理思想变化的意识的第二类是对管理创新重要性的理解。企业家的管理思想每做出一次改变，只要不是完全将他人的管理思想不加调适地照搬过来，对企业家自身来说都是一次创新的过程，这种创新既有渐进式的也有颠覆式的。企业家在认识到管理创新的重要性时，会对自己的管理思想变化或者说管理思想创新产生更大的主观推动力，触发更强的意愿。企业家对管理创新重要性的理解有三个主要角度，分别是管理创新对企业的根基性作用、管理创新对其他创新的作用和管理创新对解决企业现有问题的作用。

第一，在本研究中作为研究对象的企业家关于管理创新对企业的根基性作用的典型描述有"管理创新是企业生命力的带动力"（A1），它"盘活了"整个企业（A2），还有它"带动了企业的积极氛围，只要注意分寸别让大家觉得动荡不安，经常在管理上做一些改变，可以让大家感觉公司是拥抱变化、拥抱改进的，不是死气沉沉的"（A13）。

第二，作为研究对象的企业家在管理创新对其他创新的作用，即与企业其他创新之间的关系，这方面的主要观点聚焦于管理创新对其他创新的促进作用上，认为管理创新可以带动产品创新和技术创新等方面的创新，也可以为这些方面的创新提供支持和保障以及创造有利条件和环境。

第三，在管理创新对企业现有问题的作用这一角度上，企业家的代表性观点有：通过管理思想创新可以使一些企业现在暴露出的管理问题得到解决（A1），在管理创新的过程中还可能"顺便"解决一些企业中原有的其他问题（A14）。比如说，A14的工厂早年间一个车间只有一个负责人，而有些车间是机器昼夜不停、工人三班倒的，所以在车间负责人不当值的时候经常出现问题不能得到及时解决的情况。后来A14分析性引进了一些大型电厂中的值长制度，在车间管理中执行"当值负责制"，各时段的车间负责人处于平级，不再是一正三副，也都具有同样向上汇报的资格，而具体车间事物的管理方法也按照时段特点予以相应地调整，进而形成了三套核心不变、但方式有别的车间管理制度。这样一来，不仅原来问题处理延迟的情况消除了，还意外解决了很多在特定时段才容易出现的其他管理问题。

图6-1中展示了本部分中的主要选择性编码，由于篇幅原因，省去了大量概念层次处于最低一级的选择性编码。

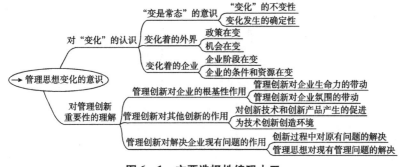

图 6-1 主要选择性编码十三

6.2.2 变化过程要素二：管理思想变化的诱因和时机

本研究发现企业家管理思想的变化有时代、环境、企业和企业家四层主要的诱因和时机，涉及不同相关主体。在本研究中，时代因素展现的是最为宏观的影响，指的是在某一时期对相当大范围内，不局限于行业、年龄、性别等，对人群具有普遍影响的因素。时代因素主要表现在六个方面：技术的变化、信息交换程度和速度的变化、重要消费渠道和方式的变化、客户需求的变化、主流导向的变化以及大众工作方式的变化。举例来说，A24 描述了一个由新冠肺炎疫情防控政策而带来的她公司项目管理上的变化。2020 年 3 月前一个需为北京客户上门安装的项目一直处于暂停并等待后续联系的状态，到了 3 月下旬客户非常着急地通知希望可以马上安装。于是 A24 马上派遣熟悉的施工团队前往北京，但是到了北京，施工团队先要进行为期 14 天的隔离。施工团队中一些成员对不能开展工作，还要隔离等待，什么也做不了的情况非常不适应，表现出了烦躁和不安的情绪，而且如果这个项目的施工延后 14 天，那么后面安排的工作也会被耽误。尽管公司项目经理多次协调，但这个施工团队在隔离期满后还是决定放弃这个项目。面临这种情况，A24 马上联系正在给该客户做其他方面施工的施工团队，选择有能力也有意愿在完成既定任务之后，安装 A24 产品的团队。最终由于该团队已经完成了隔离期，已经适应了客户方的环境条件和工作节奏，而且本来就是客户方十分认可的施工团队，所以这个团队省时、高效、高质量地完成了安装任务。而这也成为 A24 公司后续项目管理中应对有新冠肺炎疫情防控要求的跨地区业务的主要方法之一。

本研究的这一发现，即时代的变化会成为中国企业家管理思想变化的诱因和时机，也与由制度理论做出的推论相符。这里的时代因素，尤其是主流导向维度上的时代变化，很可能对企业所在的制度环境造成影响，进而诱发企业家管理思想的变化。按照制度理论的观点，在制度环境中的组织，其行为受合法性机制的约束（Meyer & Rowan，1977）。也就是说组织内部的管理制度需要符合社会的规范、价值、信念和意义体系中被社会大众普遍接受的观念要素（Suchman，1995）。而这些观念要素都可能受到时代变化的影响。所以从这个视角来看，出于两种考虑，企业家会通过升级或改变自己的管理思想来响应这些变化：一是这些变化为企业家带来新的机会；二是这些变化使企业家所带领的企业需要及时更新自己的管理，以在新的条件下获得合法性，匹配于大众的新观念。

企业家管理思想变化的诱因和时机中的环境因素指的是直接与企业竞争力相关的环境，包含企业所面临的竞争环境的变化和行业发展环境的变化两个主要维度。这两个维度的因素不像时代因素那么宏观，也不像企业因素和企业家因素那么微观，是中观层面的因素。宏观的时代因素影响着一整代人，影响着当时的社会全体。环境因素影响的是一批、一行或者一类企业及企业家。微观的企业因素和企业家因素影响的是个体企业及其成员。企业竞争环境变化的具体表现有具有影响力的新对手加入行业中来、有重要的对手退出本行业以及有对手的相对优势发生变化等。举例来说，中国加入世界贸易组织（WTO）就给中国企业的竞争环境带来了巨大变化，"外国企业进入到中国来，在国内市场上和国际市场上都对我们有影响"（A13）：一方面，他们获得了以前中国公司才能获得的资源，使得廉价劳动力不再是中国企业所独有的资源和优势（张瑞敏，2005）；另一方面，他们也参与到对中国消费者的争夺中（A13）。行业发展环境变化的具体表现有行业风向的变化、行业形象的变化、行业生命力的变化和相关行业对本行业的挤压等。以A10的管理思想为例，行业风向和行业形象的变化对他的管理思想提出了新的要求。

这几年比以前强多了，这个行业越来越朝阳了，大家对于养殖业的印象也不再是以前单纯的脏和累了。越来越多的消费者也愿意带孩子来亲近动物，或者来我们这里感受田园生活了。那对管理有一个最直接的影响就是能招到的员工水平不同了，业务的复杂程度也不一样了，甚至是管理上的重点也都有变化了。（A10）

企业因素指的是个体企业中可能成为企业家管理思想变化诱因和时机的因素，包含两个主要角度：企业新的发展要求和现行管理造成的问题。它们一个是从发展角度来看，一个是从生存角度来看；一个影响的是企业的前进步伐，一个影响的是企业现在的运行。具体来说，企业新的发展要求的体现有形势所迫，也就是说受形势所迫，企业不能再按照原来的发展路径和模式前进了，而是要创新一条更快的道路（A9）；有应对新市场的挑战和压力，比如走出家乡（A3）和走出国门（A5）；有旧战略目标的达成；有企业进入下个一成长阶段；有通过创新来创造发展机会；有业务复杂度变化；还有业务重点和管理重点变化等。从生存角度来看，典型的现行管理思想造成的问题有管理模式和方法应用中出现的问题、企业发展过程中出现的矛盾、组织机构对工作效率的制约、企业中的混乱状态和员工的病态现状等。

企业家因素是管理思想变化的诱因和时机中最为微观的一类，指的是可能成为或提供给企业家改变或迭代自己管理思想变化的诱因或时机的、企业家本人的一些变化和遭遇等。企业家因素在这里包含三种主要情况：相关思想、观念和意识的转变，刺激性事件的发生以及与启发性的人、事、物的接触和相遇。他们都有可能改变企业家对管理活动中人、事、物的看法。比如，A8 以人为本的管理思想也经历过一番变化，其中最突出的一次变化就是由与员工的一次路边偶遇而引发的。他早期的管理思想虽然也体现着对员工的尊重和重视，但还是以基础管理为主，强调员工对既定工作的完成，对员工也没有更高的要求和期望，用 A8 自己的话来说就是"我请你来做事，按约定好的条件给你，也要求你对等地提供约定好的服务"。直到有一年有一天他在下雨天偶然遇到了公司一名临近退休的瘦弱员工。这名员工一边打着伞，一边推着身形明显比他更宽阔的老父亲，肩上背着从集市上买回来的沉重的物品，已经走了十公里，只为满足老父亲十多天来想要去逛大集的心情。A8看到他们时，坐在轮椅上的老父亲和这名员工都展露着幸福的笑容，正在说说笑笑着往前走。

> 我当时很感动、很佩服也很受触动啊！觉得他这么辛苦只为博老父亲一笑，而且能看出来他们俩都发自内心觉得高兴。后来回来就开始想了。其实就是很简单的道理，但是之前我就一直没注意到，没往这方面想过。人的积极性一旦被激发出来，一旦他们发自内心想做一件事，就可以付出超乎寻常的努力，做得超乎寻常地好，而且还能做得特别开心。我后来就开始注意在工作中调动他们的这种积极性，开始想着法儿让他们在工作中也能一边努力一边收获到那种快乐。（A8）

图6-2中展示了本部分中的主要选择性编码，由于篇幅原因，省去了大量概念层次处于最低一级的选择性编码。

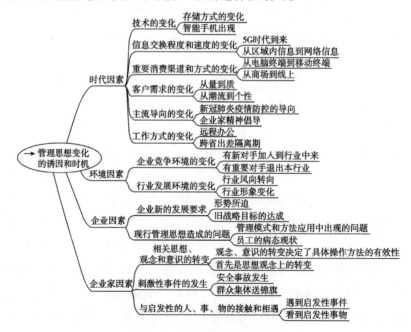

图6-2 主要选择性编码十四

6.2.3 变化过程要素三：对寻求管理思想变化的确认

本研究发现，企业家并非一旦发现管理思想变化的诱因或时机就开始思考产生新的管理思想，而是先进入一个自省的过程，去确认是否确实需要去寻求管理思想的变化。企业家在确定是否需要寻求管理思想变化的过程中主要涉及三项判断。

第一项判断是对原有管理思想的反思，也就是根据新得到的刺激和信息对自己原本的管理思想做出的反思和审视，对其做出的判断，用以确认是否确实需要对其进行调整。这一部分主要涉及对原有管理思想的三个维度的判断：思想的时效性，即从管理思想形成直至今时今日是否仍然具有有效性；思想格局的适用性，即在企业发展至今、时局发展至今的情况下，管理思想的格局是否存在过小或过大的情况；以及与实践结果的一致性，即管理思想投入实践应用之后是否得到了预期的结果，实践结果是否证明了管理思想的恰当有效，或者说原有管理思想是否通过了实践的检验。就像 A1 所说，"企业发展到后来，员工规模和业务的规模都翻了几番，那时候明显原来老的管理方法就开始显得有点吃力了"。他还举例进行了说明。

> 早期的时候，我经常一有时间就去他们（员工）家里坐坐，看看他们家里的需要，也聊聊他们最近的工作感受。我对每一个人都很熟悉。他们跟我也很亲近。但是那时候就不行了，好多新进来的员工我甚至都不太认识。（A1）

在完成第一项判断并得到肯定答案之后，就会涉及由第二项判断和第三项判断所构成的一组二维判断，如图 6 - 3 所示。企业家在这部分的第二项判断是对改动所涉及管理思想层次的判断，也就是对到底是哪些管理思想需要调整所作出的判断，以及在对管理的理解上过时、不足或者存在问题一直深入到了管理思想体系的哪一层所做出的判断。这部分的判断一般来说有两种结果：坚持自己深层的管理思想而仅需改变管理活动层的思想，换言之就是对管理及其相关人、事、物的深层次理解没有问题而只是在具体管理活动的理念、模式或方法上做调整；以及需要改动更深层的管理思想及其下层的思想，比如需要从管理思想的根基上"革自己思想的命"（A9）或者需要从观念上进行对部分管理思想进行"改造"（A14）等。

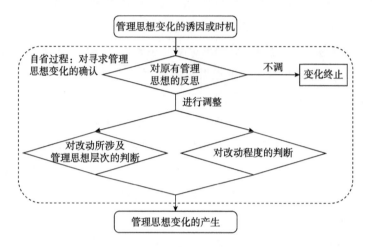

图 6 - 3　中国企业家管理思想变化中的自省过程

图 6 - 3 展示的第三项判断是对管理思想改动程度的判断，也就是说企业家不仅要确定哪些管理思想需要调整，还要对拟进行的调整进行度的判断。从改动程度的角度来看将要进行的管理思想调整可能有四种情况。改动程度由小到大依次有：仅需要微调、需要拓展、需要突破和需要颠覆。以企业家管理思想活动层的人力资源管理思想为例，需要微调的典型表现如对宽带薪酬进行调整；需要拓展的典型表现如对人力资源管理制度的 1.0 版本进行更新或演化出 2.0 版本；需要突破的典型表现如改变原有的人力资源管理制度架构和定位；需要颠覆的典型表现如完全抛弃之前的人力资源管理制度框架甚至理念，对人力资源管理在组织中的作用进行重新布局。

图 6 -4 中展示了本部分中的主要选择性编码，由于篇幅原因，省去了大量概念层次处于最低一级的选择性编码。

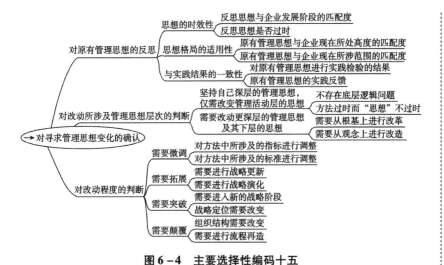

图6-4　主要选择性编码十五

6.2.4　变化过程要素四：管理思想变化的产生

管理思想变化的产生是中国企业家管理思想变化形成过程中最具实质性产出的一步，企业家管理思想的变化从这一步中正式发生，并由此开启一系列的变化。在本研究中，企业家管理思想变化的产生分为两种主要情况，如图6-5所示，一是管理思想的改变，二是管理思想的迭代。

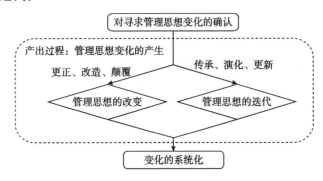

图6-5　中国企业家管理思想变化中的产出过程

改变和迭代都是变化的一种形态，但却各有重点。所谓改变，指的是事物与之前不同，发生显著差异（中国社会科学院语言研究所词典编辑室，2005）。管理思想的改变，顾名思义，侧重在针对同一问题，企业家新产出的思想与自己之前的不同，可能是对以前思想的调整或颠覆，也可能是完全脱离之前思想的影子的新的思想。

　　具体来说，管理思想的改变有三种重要途径：对自己思维定式的突破、观念的调整和实践效果指导下的边做边改。其中，对思维定式的突破往往是最难的。就像张瑞敏（2005）所表述的那样，企业家在一个战略取得成功之后，往往会形成一个思维定式，并且在以后的工作中还运用这一成熟的思维定式，这就造成该企业家及其企业很难突破这个定式、形成更高层次的战略。其他方面管理思想的改变也是一样，曾经取得成功的思维定式由于已经被企业家所熟悉，并且曾经对企业家的成功做出过贡献，而难以被割舍和抛弃，就像 A5 所说的那样。

　　　　你想啊，你已经有成功的经验了，自然的反应就（是）会在以后继续延用这个成功经验，要放弃掉这个经验而重新再去开创一次，肯定是很艰难的。一方面，放弃它是有成本的，这个成本指的是思维上的成本。另一方面，你换掉一个曾经有用的，再去找一个根本没被检验过的东西。就算之前那个可能过时了，但你怎么知道这个没被检验过的就会比可能过时的那个好呢？这是有风险的。再说了，你最好的想法和能力在之前解决问题的时候，已经被发挥出来了。最好的东西都已经拿出来了，哪那么容易再有新的东西出来啊？只有靠这段时间之内新的积累和思考。（A5）

　　企业家在某个问题上观念的调整指的是企业家对某个客观事物的看法的改变、关于它的认识或意识的改变，或者看某个事物的角度的改变等。

　　相较于对思维定式的突破来说，观念的调整对思维的要求往往低一些，但是却更需要机遇，其发生更具有偶然性，往往受某件事或某种观点的启发而发生。所以它往往要求企业家持续地保持敏感性。就像 A3 所说，"经常要到处走走看看，看看有什么新东西出来了。首先，不能视而不见。然后看到了就要抓住，不能因为自己的松懈而错失掉有价值的东西"。

最后一种途径是实践效果指导下的边做边改。它指的是企业家随时关注自身管理思想的实践效果，然后及时根据现实的反馈对其进行调整。要实现这种改变，往往需要像 A7 所说的那样。

> 不能对自己的东西盲目自信，不能说觉得自己不可能错。像有的人，现实都摆在眼前了，他那路子就是行不通，他还装作看不到，那不行。拒绝接受现实是不行的。其实有时候不是方向不行，就是哪里出现了点小问题，调整调整再试试，就好了。（A7）

除了改变管理思想，管理思想的变化还可以有另外一种形态，即迭代。所谓迭代，指的是在之前基础之上的演化和更新等。像我们经常见到的 1.0、2.0、3.0 版本，一般都可以被视为是一定程度上的迭代。管理思想的迭代相较于管理思想的改变来说，侧重在针对同一问题的前后两版管理思想在部分核心上的传承以及后一版在前一版基础上的发展。

具体来说，管理思想的迭代有涉及两个维度的三种主要途径，分别是对原有思想外延的扩展或缩减、对原有思想内涵的提升和对原有思想内涵的挖掘。如图 6-6 所示，这三种方式是在两个维度上做突破。对原有思想外延的扩展或缩减是与原有思想在同一平面内做延伸或收缩，即图 6-6 中该管理思想涉及面的增加或减小，往往体现的是企业家给相关管理问题或概念涉及范围的一个新的界定。

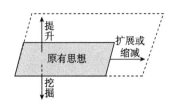

图 6-6　中国企业家管理思想迭代的三种主要途径

对原有思想内涵的提升是将原有思想向上拉升，往往伴随着企业的发展或旧目标的实现，所体现的往往是对相关管理问题的更高层次的要求。虽然对原有思想内涵的挖掘和对原有思想内涵的升级这两种方法都是在纵向上发展，但是往往不是在针对同一问题的思想上，尽管可能所针对的是相关的问题。因为后者是在深度上做挖掘，往往体现企业家对管理问题具有了更深层次的思考，而前者展现的是企业家更高、更长远的立意和追求。

图6-7中展示了本部分中的主要选择性编码，由于篇幅原因，省去了大量概念层次处于最低一级的选择性编码。

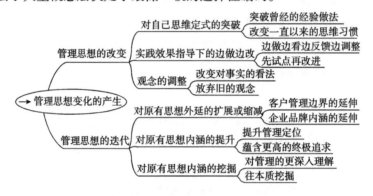

图6-7　主要选择性编码十六

6.2.5　变化过程要素五：管理思想变化的系统化

企业家管理思想变化的系统化指的是企业家管理思想体系中的一部分思想发生变化之后，为保持管理思想体系的一致性在各部分思想的相关作用之下所引发的，或者是为了与这一部分思想的变化相配合以使变化得以发挥更加彻底的作用，而产生的其他部分管理思想的相应变化。当企业家管理思想体系中的一些思想发生了变化时，对于这个体系内其他的思想来说，它们所处的环境、面临的情境、成立的条件或者存在的目的等或许也发生了变化，那么自身也就会发生相应的变化。部分管理思想的变化会使原本具有一致性的、成体系的管理思想各部分之间出现逻辑上的漏洞或矛盾。而经由变化的系统化过程之后，新的管理思想体系又会实现新的一致性。

企业家管理思想变化的系统化，主要基于两个维度上变化的联动，分别是管理思想体系中不同层次间思想变化的联动，也就是管理思想体系框架中纵向的联动；同一层次内相关管理思想变化的联动，也就是横向上的联动。

企业家管理思想的变化在纵向和横向两个方向上，以不尽相同的主要方式联动着。在纵向上，不同层次间变化的联动主要考虑的是两类问题：思想纵向链条上空缺的填补，以及解决不同层次间已变思想与原有思想的冲突和矛盾。新出现的思想可能会使企业家意识到有些问题也是重要的但以前不曾思考过，进而形成针对这些问题的思想并将其补充进自己的思想体系中。这个过程的作用方式，就像第4章中所阐述的企业家部分管理思想的产生过程一样。关于会产生纵向联动的第二类问题，就像 A1 所说的那样，有些相关的观念、意识和思想发生了转变，"那再来审视自己之前的有些做法，就不是那么回事了，有些逻辑、有些想法就不成立了、不对了"。

在横向上，同一层次内相关管理思想变化的联动主要考虑的也有两类问题。其一，与纵向联动中的第一种问题类似，是思想横向链条上空缺的填补；其二，是横向、顺序推进变化的彻底性。在第五章的分析中，已经阐述了各层内管理思想所具有的一致性，它们互相配合着，一起向其他层次——主要是其下各层——的管理思想发挥着影响，向外界传递着企业家管理思想的信息。就像企业管理实践需要组合拳的配合来发挥和加强作用一样，管理思想的变化和管理的变革一样也需要各部分的组合拳来让变化、变革发生得更加彻底。而这一系列变化的发生也会因为各部分之间连结关系或依附关系的紧密和疏远以及关系的传导而具有先后顺序。

图6-8中展示了本部分中的主要选择性编码，由于篇幅原因，省去了大量概念层次处于最低一级的选择性编码。

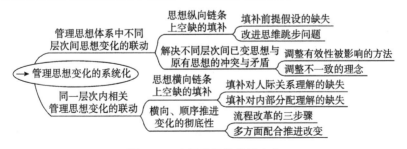

图6-8 主要选择性编码十七

6.2.6 变化过程要素六：管理思想体系的跨时间系统性

管理思想是精神活动的产物，具有能动性、继承性、隐含性和渗透性等基本特性（葛谦，1989）。企业往往几经沉浮，企业家的管理思想也几经改变，其中有些思想会随时代因素、行业因素、企业因素和企业家因素等发生变化，但有些东西是一直不变的。本研究发现成功企业家的管理思想体系往往是具有跨时间系统性的，所谓管理思想体系的跨时间系统性指的是每次变化前后的这些位于不同时间点、时间段或阶段的管理思想体系所组成的是一个系统，也具有系统性和连续性。换句话说，同一位企业家的、在不同时间点上的多个管理思想体系具有系统性。本研究中发现的企业家管理思想体系的跨时间系统性主要体现出三个特点：合理接续、个人风格的一致性以及核心思想的连贯性。

其中，合理接续特点体现的是同一企业家在不同时间的管理思想虽然不断经历着由各种诱因和时机所带来的变化，但这些不同版本之间的差异能够合理地体现相关人、事、物的一般发展规律，并且对应于这些发展展现着前后不同版本之间的接续性。这样的合理接续主要有三个情况，即管理思想的一些变化是对应于时代的发展阶段的、对应于企业家的发展和成熟阶段的或者对应于企业的发展阶段的。换句话说，企业家管理思想的发展能够体现出他/她本人作为企业家的成长、企业的成长或者时代的变迁。以 A1 活动层管理思想中有关人力资源管理方法的思想为例，由最开始企业规模只有十多名员工时的企业领导人要充分了解每位员工并和他们建立亲密的伙伴关系，到企业发展至百余人时的企业领导人掌握公司核心员工，各层管理者重点抓各自管辖内的核心员工，再由此建立起公司的核心人才库。这种变化就体现了企业发展阶段的不同和公司规模的逐渐扩大。

企业家在产生自己管理思想的时候往往会在多个过程中的多项因素中打下自己的烙印，所以企业家的管理思想中总能展现出他/她的一些个人风格。个人风格的一致性指的就是总有这样一些个人风格是从始至终一直得以在企业家各个阶段的管理思想中都能展现出来的。这些可能在管理思想中显露的个人风格主要有四类：成长环境的印记

（出身的印记、其他身份和经历所留下的印记以及人生中重要的影响人物和事件所留下的印记等）；独特的知识结构；明显的个人特质；鲜明的表述特征和语言习惯。

正所谓"万变不离其宗"，企业家的管理思想体系中有很多内容会随着相关人、事、物的发展和变化而变化，但总有一些核心内容是难以被轻易撼动的。除非有强烈刺激性的事件发生，否则这些核心思想在各个版本的管理思想中都会有所体现，即它们在各阶段管理思想中的出现具有连贯性。这就是本研究中所说的核心思想的连贯性。对本研究中发现的企业家核心思想连贯性的具体表现进行归纳，主要集中在三个方面：保障核心竞争力的方法、对特定事物的重视和对特定事物的特定理念。以 A19 为例，他虽然在不同时代侧重利用不同东西来满足客户需求，有不同的保障企业核心竞争力的具体方法，但终究都是在强调获取客户资源的重要性以及强调客户资源与企业核心竞争力之间切不断的联系。又例如之前描述的 A8 的例子，虽然他人力资源管理思想的重心由前期的基础管理，变化到后来的对员工主观能动性的挖掘，但终究都是建立在对员工的尊重和重视之上的，都离不开以人为本的基本精神。

图 6-9 中展示了本部分中的主要选择性编码，由于篇幅原因，省去了大量概念层次处于最低一级的选择性编码。

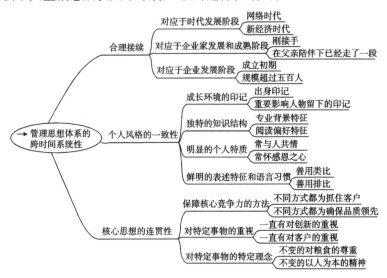

图 6-9　主要选择性编码十八

6.3　中国企业家管理思想变化过程及六大类要素内涵

通过理论性编码，子核心范畴"管理思想的变化"下的六大类要素构成了中国企业家管理思想形成过程的第三阶段，即其变化过程。企业家管理思想的变化本质上缘起于企业家所具有的管理思想需要变化的意识。有了这种意识才使得企业家能够以开放甚至谦逊的心态去捕捉管理思想需要变化的信号，面对可能引起管理思想变化的诱因和契机，并在必要或合适的时机去思变。在遇到不同的诱因或时机后，企业家进入对寻求管理思想变化的确认之中，去判断是否需要进行以及需要进行怎样的、何种程度的变化。依据判别的结果，企业家使用一定的方法去对自身原本管理思想体系中的某一部分进行改变或者迭代和更新。由于管理思想体系内的要素呈现系统性，为使体系中的各组件可以自洽而不出现冲突，以使管理思想得以顺利应用，管理思想的变化也呈现系统性。也就是说，思想体系内的其他要素也随之发生变化和调整。管理思想变化的系统性不仅体现在同一时期的管理思想体系内出现系统性的思想变化，也体现在同一位企业家在不同时期或者说变化前后的管理思想体系所呈现的跨时间的系统性。

上述六大类要素不仅可以被理解为是管理思想变化形成所涉及的六个会顺序出现的步骤，还可以有如图6-10所示的以下内涵。企业家管理思想变化的意识所营造的是一种氛围，一种利于变化和创新的氛围。它就像企业家的日常状态一样一直伴随着企业家。管理思想变化的诱因和时机、对寻求管理思想变化的确认和管理思想的改变或管理思想的迭代是管理思想发生变化所经历的三个主体部分，其中，诱因或时机相当于是一个导火索；对寻求变化的确认是企业家对自身原有管理思想的一个自省过程；受自省结果的影响，如确定管理思想应当变化，企业家或对管理思想进行改变或进行迭代更新。管理思想的变化自此产生，改变和迭代均是新管理思想的产出过程。进入一次管理思想变化的收尾部分，还会有一个管理思想变化系统化的过程，这一过程相当于是在进行一次变化的后续理顺工作，将管理思想体系从局部动荡调整至新的协调与平衡，进而实现管理思想体系新的系统性。无论一位企业家的管理思想如何经历外界刺激而产生变化，总有一些特征是抹不去的，总有一些立场是不会动摇的。每当一系列管理思想变化终了，企业家当下的管理思想体系和变化发生之前的管理思想体系会呈现出跨越时间的一致性和对应企业家、企业和时代发展阶段的合理接续，呈现跨时间系统性。

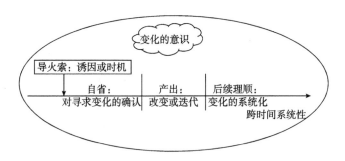

图6－10　中国企业家管理思想变化过程六大类要素的内涵

　　企业家认同管理思想是需要变化的、应当在适当的时候进行变化这一观点是使其寻求管理思想变化、突破、发展和创新的重要前提，也是使其不至于一形成一些管理理念就止步不前进而不再进行修正、调整、改进和更新的思想保障。这是一直陪伴企业家管理思想不断进步的一种意识，其往往也和企业家在其他方面的谦逊、认识到自己会有不足、认为会有比自己做得更好的人或方法和对自我发展的寻求是相通的。所以说，它为企业家的管理思想变化营造了一种氛围，提供了有利于变化发生和形成的空气和土壤，"绝缘"了企业家在管理思想上的自我封闭和对管理思想需要变化的信号的视而不见。

　　诱因和时机对企业家的管理思想变化来说就像是导火索，为管理思想的变化提供了直接动机，也是形成管理思想变化的起点。这往往有三种情况。第一种情况是这些作为直接动机的诱因和时机有可能是独立存在的。在此之前，企业家并没有想对关于某一或某些问题的管理思想进行调整的想法，诱因的出现导致了变化的发生。第二种情况是根本动机和直接动机共同导致了变化的发生。企业家早就有想要针对某些问题做点什么，对某些思想进行改进，但是时机尚未成熟或者说只是在等待一个机会或契机。时机的出现决定了变化发生的时间点。第三种情况是企业家管理思想变化的起点正是另一些变化的终点，无论这些变化是企业家自身的一种变化，还是其他相关人、事、物、思想或观念等的变化。这些已完成、已形成的变化是形成新变化的直接动机，带来了产生新变化的需求、成为引发新变化的诱因，也为新的变化做好了前期准备，提供了变化的时机。

企业家在管理思想变化的诱因和时机出现之后，进入一种自省的过程中。这个自省过程中有三个主要步骤：首先是对原有管理思想的反思，确定管理思想需要变化；其次，对改动所涉及的管理思想层次和改动程度分别进行判断，也就是确定管理思想调整的深度和颠覆程度。最后，在上述确认环节全部结束之后，这一自省阶段结束，进入管理思想变化的产出过程中，即进入管理思想变化的发生阶段。

进入管理思想变化的产出过程，企业家基于上一步对寻求管理思想变化的确认中得到的结论对管理思想进行改变或迭代。在管理思想体系中的部分内容得到改变或迭代之后，由于管理思想的系统性，虽不一定会到牵一发而动全身的程度，但也会涉及关联部分的联动变化。因此在管理思想变化产生之后，一组完整的管理思想变化进程将进入管理思想变化的系统化过程中。

任何一项大的、全组织的、系统化的管理变革往往都是由管理思想体系中的一个或几个单元的变化开始的。而后，通过将这些星星点点的变化的系统化和实践化的过程，逐渐形成由一个点或少数几个点开始逐渐辐射到面、再到体的变革。就像 A3 先是对企业核心竞争力的定位发生了改变，相应地也牵连到了他对企业工作流程思想的改变、企业组织结构思想的改变和企业绩效管理思想的改变。

不仅如此，这个系统化的过程也是一轮管理思想变化的收尾过程。在管理思想的整个变化中，在变化发生之后，管理思想变化的系统化过程发挥了将管理思想的变化变充分、将体系中的矛盾点理顺、让整个体系达到新的平衡并重新展现系统性的作用。如图 6 - 11 所示，一位企业家的管理思想的多次变化以及变化前后的管理思想可以体现在一条时间轴上，不断地经历着变化被触发、变化形成的过程和管理思想的稳定期。

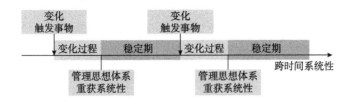

图 6 – 11　中国企业家管理思想变化时间轴

至此，本研究发现成功企业家的管理思想体系往往具有三维系统性，即其管理思想的系统性在三个维度上都有所体现：时间、管理思想体系同一层次内和管理思想体系不同层次间。如图 6 – 12 所示，一位企业家当下的管理思想自成体系，在横向和纵向上都具有系统性，即如第 5 章中所讨论的，同一层次内的管理思想和不同层次的管理思想之间都具有一致性和系统性；再将管理思想的变化考虑进来，发现变化前后不同时间点上的多个管理思想体系也具有系统性。由此形成了该企业家具备层次内系统性、跨层次系统性和跨时间系统性的三维立体的管理思想系统。

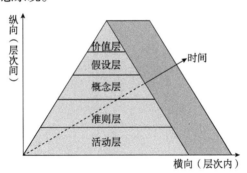

图 6 – 12　中国企业家管理思想三维系统

6.4　本章小结

在第 4 章对中国企业家管理思想形成过程第一阶段部分管理思想产生过程的阐述和第 5 章对第二阶段管理思想系统性衍生过程的阐述之后，本章对第三阶段管理思想的变化过程及其要素进行了阐述。

中国企业家管理思想形成过程的第三阶段管理思想的变化过程涉及六大类要素。本章在对变化过程中的各大类要素进行分开详解后，阐述了由六大类要素构成的管理思想的变化过程：从企业家具备管理思想变化的意识到企业家管理思想变化的诱因和时机的出现，再到企业家对寻求管理思想变化的确认、管理思想变化的产生以及管理思想变化的系统化，直至获得管理思想体系的跨时间系统性。企业家所拥有的管理思想变化的意识是变化过程发生的前提，管理思想变化的诱因和时机是变化发生的导火索，对寻求管理思想变化的确认过程是企业家自省的过程，管理思想变化的产生过程和管理思想变化的系统化过程是产生新管理思想，替换旧管理思想和修补、修正管理思想链条的过程。最后，一轮完整变化完成，管理思想的跨时间系统性实现。

第7章　中国企业家管理思想形成过程三阶段

第4、第5、第6章已经分三个部分剖析了中国企业家管理思想形成过程的三个阶段。本章第一节建立本研究基于扎根理论的中国企业家管理思想形成过程模型。在经典扎根理论研究中，一般来说，对收集到的数据进行分析得到初步构建的理论之后，在研究的尾声才对同一实质领域内的文献进行回顾，并将这些文献的研究结果与初构理论进行不断比较，以对理论进行确认和进一步的发展（贾旭东，谭新辉，2010）。而正如第2章中所说，本研究属于 Glaser（1998）所提到的可以被接受的特殊情况，在文献综述阶段已经梳理了可以纳入本研究主题中的文献，并且按 Glaser（1998）所要求的，将这些文献（第2.1节和第2.2节中以中国企业家为样本的管理思想研究文献）作为研究数据的一部分。所以，本章第一节中所构建的模型即为本研究得到的最终模型。第二节进一步对形成过程三阶段的内涵进行阐述。第三节基于这一模型和本研究中的其他所得结合相关领域的文献对中国企业家管理思想形成过程的特征进行讨论，在该节中，笔者对中国企业家在管理思想形成过程上的特点和与中国企业家及管理思想创新有关的其他群体在管理思想形成过程上的特点进行比较，即从企业家和学者、企业家和一般管理者、中国企业家和外国企业家这三个视角阐述了其相同和不同之处。第四节是本章小结。

7.1　中国企业家管理思想形成过程模型

本节对由部分管理思想的产生、管理思想的系统性衍生和管理思想的变化这三部分所构成的中国企业家管理思想形成过程进行全景勾勒。

　　将这三个部分的研究结果串联起来可以对中国企业家管理思想的形成过程及路径进行描述。如图 7-1 所示，在企业家利于管理思想产生的日常状态打下的根基之上，企业家接收到自己管理思想体系之外的信号和素材，产生形成管理思想的动机，随后经过一系列步骤，产生了自己的部分管理思想。这是最早开始发挥作用的一段企业家形成自己管理思想的过程。而后这部分管理思想被输入管理思想体系之中，在管理思想体系中各要素关系也就是管理思想体系内部关系的作用下，进行系统化衍生得到自己管理思想体系的雏形或发展自己的管理思想体系。这是管理思想经历内部发酵的一段过程。与此同时，更多情况下是在此之后，另外一段过程在企业家管理思想变化的意识的保障之下，也开始时不时地发挥作用。企业家得以捕捉一些包括实践反馈在内的管理思想体系之外的刺激信号，而这些外部刺激又成为管理思想变化的触发物，进而产生了管理思想的变化。当这些变化想要融入企业家的管理思想体系中时，在管理思想系统性的作用下，企业家之前已经形成的管理思想体系又成了一种制约力量，也就是说体系的内部关系此时形成了内部牵制。那些未变的内容和已变的内容形成了一种拉锯，促使企业家将管理思想的变化系统化并最终形成一次完整的管理思想变化。至此，由这一路径，企业家不断形成关于各项管理问题的、系统的、跟得上时代的管理思想。

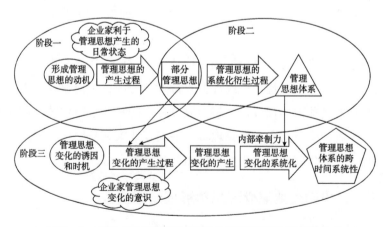

图 7-1　中国企业家管理思想形成过程三阶段间串联关系

在图 7 – 1 之中，从形成管理思想的动机到部分管理思想的过程，再加上企业家利于管理思想产生的日常状态，属于第 4 章中所阐述的部分管理思想的产生过程，是第一阶段。从部分管理思想到管理思想体系的过程，属于第 5 章中所阐述的管理思想系统性衍生的过程，是第二阶段。从管理思想变化的诱因和时机到管理思想体系的跨时间系统性，再加上企业家管理变化的意识和内部牵制力，属于第 6 章中所阐述的管理思想的变化过程，是第三阶段。在一些特殊情况下，变化诱因的发生或变化时机的到来可能早于企业家对某项管理思想的系统化衍生，那么企业家的管理思想也可能会跳过第二阶段而直达第三阶段。

需要特殊说明的有两点。第一，这三种思维过程在同一企业家身上的出现并不互斥也并没有明显的时间界限，这并不是说第二阶段的系统化衍生思维过程开始发挥作用之后，第一阶段的产生思维过程就不会再出现。相反，这三种思维过程都不只会发生一次。企业家关于不同管理问题的管理思想可能会先后处于形成过程中，也可能会同时处于形成过程中的不同发展阶段之中。就企业家的管理思想体系而言，新的内容会不断地往管理思想体系里面添加，管理思想体系不断地被补充；系统化衍生过程也不断依据已经产生的管理思想将思想体系变得更完整；而变化过程会使思想体系不断被更新和修正，逐渐趋向完善。

第二，无论是后续产生于第一阶段的针对其他管理问题的新的管理思想还是后续产生于第三阶段的变化后的管理思想都脱离不了现有管理思想体系的约束作用。企业家在后续发生的第二阶段和第三阶段的后半段中对这些不断产生和形成的思想碎片进行校验和整理，使整个管理思想体系变得更加紧密与严谨，并使其中的各组件得以在保证一致性和系统性的前提下协同发挥作用。企业家向原有管理思想体系中输入新的或更新旧的内容往往都涉及对该思想与当前体系尤其是上层管理思想一致性的确认。如果符合与原有上层管理思想的一致性则顺利地将其纳入管理思想体系，甚至连带着将该思想背后的基础假设、价值观等上层管理思想一并选择性地或兼容性地吸收或补充到自己的管理思想体系中。如果不符合与原有上层管理思想的一致性则触发对原有上层管理思想的反思；如果这种反思确定原有上层管理思想需要更新，便进行相应调整，否则，调整新产生的思想或者拟纳入引进的思想。事实上，这也正是很多管理思想创新产生的重要途径。从无到有固然是创新，将旧的改造成新的也是创新。

将各阶段的详细流程以及能够展现中国企业家管理思想形成过程特征的各流程构成要件按图7-1所示理论关系进行整理，得到图7-2至图7-5，分别展示了中国企业家管理思想形成过程的总体框架模型、子模型之一"生模型"、子模型之二"长模型"和子模型之三"活模型"。它们展示了管理思想从作为一个点而诞生，到长出枝干和其他关联物，再到真正动起来和活起来的过程。它们以总分结构共同构成了由三段过程组成的"中国企业家管理思想形成过程模型"，即本研究所提出的完整模型。如果把这个完整模型用言语造句的方式命名就是"中国企业家管理思想形成过程理论"，或者用弱化的言语造句法表达就是"中国企业家管理思想形成过程思想"。如果把三个子模型"生模型""长模型"和"活模型"用言语造句法表达就是"生机制""长机制"和"活机制"。

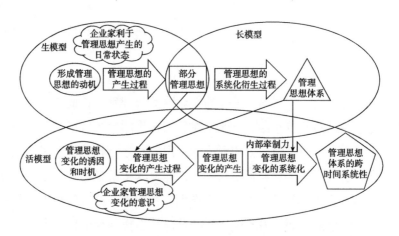

图7-2 中国企业家管理思想形成过程总体框架模型

管理思想的"生模型"是"中国企业家管理思想形成过程模型"中的第一个子模型，如图7-3中所示。它展现了企业家管理思想最初诞生的过程是以一个个独立的点的形式，也体现了企业家管理思想体系之外的七大类因素对企业家产生属于自己的管理思想的影响过程和作用方式。图7-3中各框图之内标识有简写的各大类因素的构成要件。

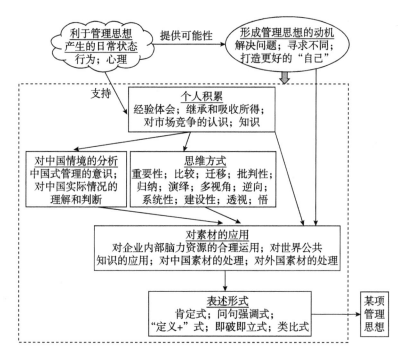

图7-3 子模型之一"生模型"

管理思想的"长模型"是"中国企业家管理思想形成过程模型"中的第二个子模型，如图7-4中所示。它展现了企业家管理思想通过各管理问题之间的联系由一个个独立的点长出其他与之关联的思想之点并逐渐汇聚成思想体系的过程，也体现了管理思想体系的结构性和管理思想体系内各个组件的功能性。图7-4中各框图之内标识有简写的各大类组件的构成要件。

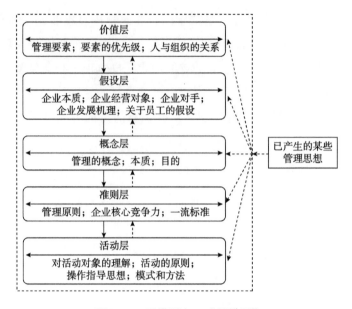

图7-4 子模型之二"长模型"

管理思想的"活模型"是"中国企业家管理思想形成过程模型"中的第三个子模型，如图7-5中所示。它展现了企业家的管理思想在一些信号之下适时变化和革新的过程，即"活起来"的过程，也体

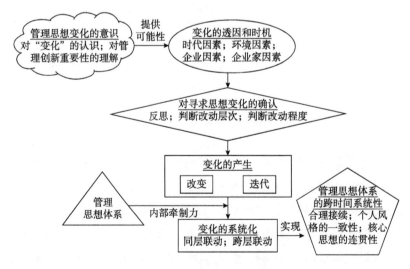

图7-5 子模型之三"活模型"

现了企业家管理思想在与时俱进之中的"变"与"不变"。在这个过程中，企业家关于某个或某些管理问题的管理思想不再是静态的和静止不变的，而是动态的、具有时间属性的、不断发展和前进的。图7-5中各框图之内标识有简写的该模型各大类要素的构成要件。

7.2　中国企业家管理思想形成过程三阶段内涵

本研究通过研究中国优秀企业家得到上述管理思想形成过程的三阶段（但并非实践中的所有企业家都用全部上述三阶段形成自己的管理思想）。如图7-6所示，第一阶段"生模型"中产生的是有关管理的一个个孤立的、星星点点的思想。善用第一阶段而止步于此的企业家产生的是一个个管理的点子。在这一阶段中，企业家在独特的、富有企业家特征的管理思想形成目标和职责的指导下，充分运用自己的感知来加工自己所能掌握的各种素材，进而产生自己的管理思想。这个过程就像是企业家与自己充分对话的过程。企业家的管理思想也经历了从无到有，从0到1的产出过程。

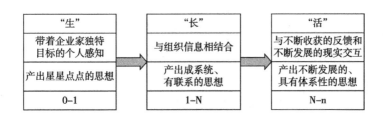

图7-6　形成过程三阶段间关系及各阶段产出管理思想的特征

在第一阶段的基础上，第二阶段"长模型"中产生的是一系列成系统且具有关联性的管理思想。善用第一、第二阶段的企业家不仅洞悉了一系列管理问题，还用一套逻辑构建了一系列管理事物之间的联系。在这一阶段中，企业家开始创造系统、模型和理论等。尽管企业家的首要目的往往是创造价值和指导实践——就像受访企业家A2所说的那样，"向管理要利润"——但其管理思想发展到这一阶段往往会出现管理理论和管理模型等副产品。在此阶段中，企业家所在组织的各种信息和管理需求进一步促进企业家基于在第一阶段中已形成的管理思想对企业管理中的方方面面进行思考。在思想形成的过程中，企业家对组织的各方面设想和追求以及组织中的各种实际情况和条件不断对企业家发生着影响，组织方方面面的特征由此更深入地渗透企业家从深层到表层的管理思想和对各项具体管理活动的思想之中。这个过程离不开企业家与组织的对话，一方面企业家在改变着企业，另一方面企业家也在被企业现有组织结构、业务结构和人员结构等影响着，或者说，企业家也在基于企业各方面的情况创造管理思想。企业家的管理思想在此阶段中经历了从有到多，由 1 到 N 的衍生过程。

第三阶段"活模型"中产生的是契合甚至引领时局、行业、企业和企业家自身变化与发展的管理思想。能够盘活全部三个阶段，不断形成跟上时代甚至引领时代的具有体系性的有效管理思想的企业家往往是优秀企业家。一方面，企业家作为个体与不断发展的现实进行着信息交互；另一方面，作为对组织有独特影响力的特定个体，企业家也在通过组织的行动作用于外界并收获着外界的反馈。企业家已经形成的管理思想进入组织，渗透于组织的行动之中，再通过组织的行动产生实际的应用效果。企业家依据管理思想的实际应用效果和预判未来的应用效果，或者更宏观地来说，依据企业的实时业绩和预判的未来业绩走向，对管理思想进行调整。企业家在这一阶段的管理思想变化是适应环境和管理思想应用效果的产物，也是预见"未来"的产物。在"活模型"之中，企业家在与现实的不断交互之中，改变、更新、迭代着自己的管理思想，不断对现实的反馈和变化（小到某项管理思想的实际应用效果和企业业绩的变化等，大到行业风向和世界最新技术发展等）做出响应、紧跟甚至引领潮流。企业家成功且持续的管理思想变化往往伴随着企业的做优做强而发生。优秀企业家不断更新的管理思想不断经受着实践的检验，而成功通过实践检验的管理思想又常常随着企业实践之成功而声名远播、产生影响力。由此，伴随着企业的优秀业绩和管理思想实践的成功，持续有效盘活管理思想形成三阶段的优秀企业家之管理思想不仅创造了经济价值，也创造了理论价值和影响力。在"活模型"所对应的第三阶段中，企业家的管理思想经历了由相对静态、理论的"N"到活跃、灵动、不断与现实交互且动态发展的"n"的过程。

下面再用图7-7中的曲线来示意一般情况下企业家关于某问题的管理思想及其相关管理思想的发展过程。第一阶段是"生模型"所对应的阶段。在这个阶段中企业家关于某问题的管理思想从无到有。新生的管理思想由此出现。第二阶段是"长模型"所对应的阶段。已产生的管理思想在此阶段中接续着第一阶段的成果而继续发展和扩充出更多的相关管理思想，经历着系统化衍生过程。第三阶段是"活模型"所对应的阶段。这一阶段由一个断口开始，标志着变化诱因或时机的出现，触发了管理思想的变化过程。管理思想不再接续着第二阶段的尾端继续发展，而是另起一段。在这个阶段中关于该问题的管理思想首先经历一段如新管理思想产生般的震荡以促成首要变化的产生，再接续到如系统性衍生般的变化的系统化过程，以实现进一步的调整与发展。正如第7.1节中所说，在一些特殊情况中，变化诱因或时机的出现可能先于系统化衍生阶段出现，或者在系统化衍生进行中随时出现，所以在针对具体管理思想进行分析时，第三阶段曲线可能会前移，而第二阶段曲线则会缩短。在一轮完整变化结束之后，随着事物的发展，新一轮的变化会不断被触发。企业家的管理思想也会随着一次又一次的迭代、演进和改变而不断发展，并由此持续地保持着其先进性和实用性。就本研究中的样本企业家来看，他们中的很多人都有可以画到如图7-7中第三阶段Ⅲ甚至更多后续阶段的关于某问题的管理思想，也就是说，关于某些问题的管理思想至少经历了三次以上的变化，至少有四个版本。

"生""长"和"活"三种机制在不断地向企业家管理思想体系输送着新鲜的血液，正如图7-8所示意的那样。企业家通过"生"的机制不断就新的问题形成新的管理思想。这些管理思想被输送到思想体系中，通过"长"的机制在体系内衍生出更多相关思想。然后在一些时机和诱因的触发下，管理思想体系中的一些思想会在"活"的机制下被改变或迭代。一些过时的或未通过实践检验的思想会被升级

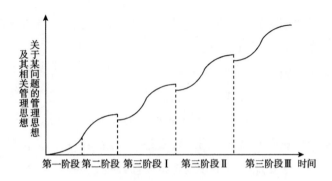

图 7-7　中国企业家管理思想发展曲线示意图

后的或修正调整后的思想所替代，同时一些新的思想会被增补到管理思想体系的逻辑链条中。通常"生"和"长"会顺序发生，但"变"的发生时间则取决于诱因和时机的出现以及企业家对它们的捕捉。而且，"变"还会一而再、再而三地发生，就像图 7-8 所呈现的那样。如此，企业家的管理思想体系在不断被添加、丰富、改进和升级。随着这些过程，整个管理思想体系的逻辑越来越紧密，内容也越来越成熟、越来越先进。

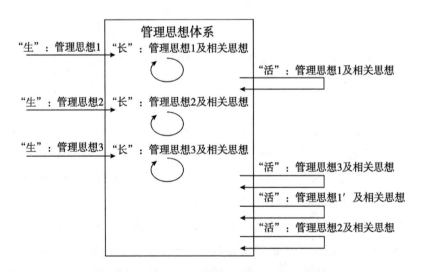

图 7-8　中国企业家管理思想体系发展示意图

7.3 中国企业家管理思想形成过程特征

本研究收集到的数据证实了中国企业家的管理思想以深厚的实际经验为基础，并且在世界范围内具有其特点。在这一节中，笔者通过讨论中国企业家群体与学者、一般管理者和外国企业家这三个群体在管理思想形成过程上的一些共同之处及区别，对中国企业家管理思想形成过程特征进行阐述。

7.3.1 中国企业家管理思想形成过程特征概要

图7-9展现了本节所进行的三组对比，即中国企业家与管理学者、中国企业家与一般管理者及中国企业家与外国企业家在管理思想形成过程上的对比。中国企业家群体与其他三个群体在管理思想形成过程上的差异点是不尽相同的，在所有差异中，有一些是根本差异，这些根本差异又会引发一系列其他差异。笔者在图7-9和表7-1中分别标识和列出了三组管理思想形成过程对比中的根本差异点，并在表7-1中基于这些根本差异点列出了中国企业家在管理思想形成过程中的特征。第7.3.2小节至第7.3.4小节将对这三组比较进行详细阐述。

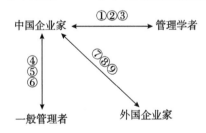

图7-9 中国企业家和其他群体管理思想形成过程对比示意图

表7-1 中国企业家和其他群体管理思想形成过程特征对比

管理思想形成过程的根本特征	中国企业家	管理学者	一般管理者	外国企业家（以欧美企业家为主的西方企业家）
1. 形成管理思想的驱动力	企业的生存和发展	学者的历史使命		

管理思想形成过程的根本特征	中国企业家	管理学者	一般管理者	外国企业家（以欧美企业家为主的西方企业家）
2. 管理思想形成之终点	经济价值	理论贡献		
3. 形成过程中的主要参照物	实践结果	既有理论		
4. 形成自己管理思想的意愿和需求程度	高		较低（执行上级思想为主）	
5. 形成管理思想的视角	宏观为主		中观和微观为主	
6. 形成过程中的视野	跨越组织边界		组织内部	
7. 形成过程中面向的时间维度	承担过去、立足当下、面对未来			立足当下、面对未来
8. 管理思想的出发点	基于基本商业逻辑、中国文化精神和中国传统道德约束等			基于基本商业逻辑和西方哲学基础等
9. 影响形成过程的主要知识积累	世界公共知识、企业家群体知识和中国人群体知识（中国传统文化果实及马克思主义中国化的理论成果）			世界公共知识、企业家群体知识和各自的国家层群体知识

资料来源：本表由笔者依据本研究数据分析结果与有关文献（详见第7.3.2小节至第7.3.4小节）所提观点进行对比分析，整理制作。

7.3.2 企业家和管理学者的管理思想形成过程

企业家和管理学者是对管理知识发展极为关切和敏感的两类人，都为管理知识的发展和创造而努力，都极具创新精神。但他们所处环境不同，所承担的职责也不同，所以其管理思想形成与创新的动力、路径、方法和终点也都有所不同。

企业家管理思想的形成和变化受企业生存和发展需求的驱动，是对形势的即时响应，也是企业家创新精神的体现，但终究是企业家在带领企业生存和发展的道路之上所产生的副产品即伴随产品，而非首要追求。企业的生存和发展是企业家的利益所在更是企业家背负的责任。相对而言，管理学者的思想形成与创新则关乎个人的职业生涯，受自身职业使命的驱动。丰富和发展管理理论是管理学者历史使命的重要组成部分（谭劲松，2006）。

对企业家来说，管理思想的形成往往是面对问题、走向实践并最终产生价值（首要的是经济价值）。而对管理学者来说，其目的往往在于理论构建或者至少是产生理论贡献，尽管好的理论往往也非常实用（希特，史密斯，2016）。学者受思想的启发和启迪以构建理论（邵培仁，姚锦云，2016；贾旭东等，2018），而企业家应用自己的管理思想来指导实践以产生价值。也就是说，在各自的管理思想形成之后，企业家和学者将其推向两个不同的方向，即价值化和理论化。

企业家管理思想形成的过程中充满了企业家思想和事实、时事及实践效果的互动。企业家的管理思想经过企业的实践产生结果作用于现实，而企业家又时刻关注企业的经营与管理绩效，注重从现行管理思想实践效果中收获反馈并做出反思与调整。管理学者在形成管理思想的过程中往往注重与文献的互动，寻找现实与既有理论之间、个人想法与既有理论之间以及多个既有理论之间的异同。于是，实践效果和既有理论分别是企业家和学者管理思想形成过程中的主要参照物。

企业家与学者在管理思想的形成上并非没有相似之处，他们都遵循思想形成与发展的基本规律。所以越从框架上看，企业家与学者在管理思想形成上的相似程度越高，但越向内部、内涵和细节看，区别也越大。

中国企业家管理思想的形成有思想产生、系统性衍生和思想变化三段过程。将主语换成是中国学者管理思想的形成，上面这句话恐怕也能成立。

但是，向各段内部继续看，以第一段过程思想产生为例，中国企业家的管理思想产生涉及七个步骤，可管理学者如果不是专门研究中国情境的话，那"对中国情境的分析"可能只会停留在"对某研究主题来说中国样本是否有什么特别之处"的程度上，并不足以重要到单独成为一个步骤。而在更多的情况中，涉及对情境的判断时，对学者来说更合适的问题恐怕是"我是否遇到了一个特殊的情境"或者"这个情境该如何被解析"（Tsui，2016）。于是，在企业家的七个步骤中只有六个是符合学者管理思想产生过程的。

继续向每个步骤内部看，以形成管理思想的动机为例，企业家形成自己的管理思想是以解决企业现有问题、寻求不同于其他组织的做法和打造更好的企业为直接目的的，而学者往往以填补研究缺漏、解读观点矛盾、寻求理论贡献以及解释某种现象为主要目的（如，Powell & Baker，2017；Donald et al.，2020；周文辉，2015）。相对于学者重在对现象的解释（史密斯，希特，2016b），企业家的管理思想更多从解决问题出发。在很多情况中，正是在企业家管理思想引导下的实践创造出了管理学者所要解释的现象。

再以对素材的应用为例，企业家管理思想的形成涉及企业内部脑力资源、公共知识、中国素材和外国素材四类素材。管理学者在寻求理论创新与贡献时，也会站在前人的肩膀上（史密斯，希特，2016b）。前面这种分类方式再应用到学者身上，企业内部脑力资源转化为团队内部脑力资源以及公共知识用以形容本专业外其他专业的知识和理论还算合适，但再使用中国素材和外国素材这种分类方法就不那么符合实际情况了。更为合适的分类可能是划分为实践素材和理论素材（Sandberg & Tsoukas，2011；刘祯等，2014）。

再从第二段过程管理思想系统性衍生的步骤和结构来看，区别就更大一些。首先，学者的管理思想不一定遵循层次间和层次内纵向的系统性衍生规律。学者往往由某一理论领域或谱系开始进入管理学研究，逐步扩展至越来越多的理论领域或谱系（史密斯，希特，2016b）。与金字塔型相比，可能洋葱型更适合于表示学者的管理思想体系。即便用金字塔型由深层至表层来描述学者的管理思想体系，企业家的五层结构也不完全适用于学者。学者由于学科、专业以及研究兴趣的限制，不一定需要像企业家一样对管理全景有自己的深刻理解。学者可能更倾向于寻找到需要聚焦的某种特定现象或细节，再向更深处钻研（史密斯，希特，2016b）。对于与个人研究主题相关度较低的或更宏观的管理问题，学者则不一定需要持有自己鲜明的主观态度，即在对几种主要观点都有所了解的基础上不一定需要"选边站"。

与这一差异相呼应，企业家和学者管理思想的范式具有不同特征。从企业家的管理思想体系来看，企业家的管理思想更多展现的是结构性的想法。比如某一事物如何切分，有哪几个类别和哪几个层次，而自己在其中的选择和取舍又是什么。学者则重视发现和解读规律，寻求事物的原委以及对因果关系的科学解释（Suddaby，2014）。这是第一点差异。企业家也重视事物间的联系，他们往往更多考虑的是充分性、必要性、次序、协同性以及系统性等，而非严格的因果关系。这是第二点差异。本研究的这一发现也符合 Sharma 和 Bansal（2020）在研究中的发现，即管理实践界偏好相关而理论界偏好严谨。第三点差异在于，企业家进行取舍，关注少量重点，考虑边际成本与价值，仅从选择出的几个重点来进行操作和努力；学者则希望能够覆盖相当比例的事物真相和全貌，寻求对能够达到相当解释力的影响因子和元素的探索。就好像把事情做到可接受的程度与理想的程度，以及找到问题的可行解与最优解一样，这种差异也体现了实践与理论的特点。

企业家和学者对具体管理活动的关注程度不相同。从对企业家活动层管理思想的整理和分析中，本研究发现企业家对不同管理活动类目的关注程度不相同。在众多的管理活动中，普遍来说，战略管理、财务管理和人力资源管理等尤为吸引企业家的关注，用企业家自己的话来说就是"定方向"（A18）、"找生意"（A18）、"找钱"（A19）、"把握钱的出口"（A22）和"抓人心"（A16），等等。学者对管理活动的关注往往与自己的研究专业和领域相一致，兴趣在其中起重要作用。而且，学者在选择关注点时各有各的选择标准。有的学者从一而终，有的学者不断望向企业当下的需要，有的学者则不断追寻流行的领域和理论（谭劲松，2006）。

第三段过程涉及对已有管理思想体系的改变，所以其要素和要素的作用方式受到第二段过程的影响。因此，虽然适用于企业家的从意识、诱因和时机、对寻求变化的确认、变化的产生和系统化到管理思想体系的跨时间系统性这几个步骤同样适用于学者，但步骤之内的相似度较低。也就是说，第三段过程的情况与第一段过程的情况相类似，但企业家与学者在第三段过程中的差异很可能比在第一段过程中更大。

以管理思想体系的跨时间系统性为例，在企业家的模型中，跨时间系统性有三种体现，合理接续、个人风格的一致性和核心思想的连贯性。而对于不少学者来说，自己所坚持的理论学派或者方法学派很可能是根本的坚持和持久的标签，就像 Glaser 和 Strauss 的扎根理论之争（Glaser，1992）。各个学派当然会经历发展、演化和调适，但根本性的东西永远不会。"合理接续""个人风格的一致性"和"核心思想的连贯性"都不能展现这一点的核心精神。这种对学派的坚持不等同于个人核心思想的连贯性。对学派的坚持是学者管理思想体系跨时间系统性的典型表现之一。如果建立学者的管理思想形成过程模型，对学派的坚持应当在管理思想体系的跨时间系统性中有所体现。

管理学者与企业家同样对管理思想的发展和创新充满热情，但用着各自不同的方式贡献于管理思想的发展（刘祯等，2014），并在管理思想的历史长河中承担着各自的责任。企业家直面实践，有丰富精彩且跌宕起伏的经历，有进行思想创造的激情、敏感度和切实需要，善于形成有针对性且在本企业行之有效的管理思想。而在此基础上形成严谨、可推广且适用于更多企业的管理思想或理论则不属于企业家的职责范畴，而是学者的追求。相对于企业家，学者的系统知识基础和相对稳定的环境，使其不易突破思维框架、较少受到实践事件的刺激，也缺少实践环境迅速检验自己思想的有效性，但是扎实的理论基础和科学的研究方法是学者的优势，使学者能够接续企业家在管理思想发展上的工作，即将企业家的思想变成严谨、更具普适性且可推广的理论与方法。

企业家与学者在管理思想上既互相辅助和借鉴，又共同促成管理思想的历史发展。无论是企业的生存与成长还是管理理论的发展都受益于企业界与学界的顺畅互动。一方面，企业做出的管理实践创新是管理理论创新的重要源泉（贾旭东等，2018）。另一方面，不断发展的管理理论也影响着企业家的管理思想，进而影响着企业的管理实践。这是一种循环影响、交互前进的互动方式。

在一些情况中，企业家和学者的身份并不是完全割裂开的，如图7-10所示，从企业家到学者，尤其是管理学者，就像是一种连续的光谱。既有具有学者特质的企业家，也有具有企业家特质的学者，还有拥有（或曾拥有）学者身份也拥有（或曾拥有）企业家身份的一群人。在这群具有双重身份或者在双重身份之间进行过转换的人中，有多种情况：一直是学者，其间也领导过企业的，学者中的企业家；先前是学者，退休后或者因某些原因转而成为企业家的，具有学者背景的企业家，不少咨询公司的创始人属于这种情况；一直是企业家，中间去学校进行过深造的，注重理论深造和自我知识提升的企业家，其中包括大量在成为优秀企业家之后到学校攻读更高学位的企业家；先是企业家，卸任或者退居二线之后又投身理论研究的，企业家中的学者。这里并没有将想做学者但失败或者想做企业家但失败而后又转入另一种身份的人列入考虑范围，因为处在这两种情况中的个体首先并没有在第一种身份上立住，自然也不属于兼容两种身份的情况。

管理学者	具有企业家特质的学者	双重身份/在双重身份间转换	具有学者特质的企业家	企业家

图7-10 管理学者和企业家的连续光谱

纯粹的企业家和纯粹的学者拥有各自不同的场域、思维、惯用语和目标。当企业家和学者共同协作谋求企业和管理思想的发展时，处于图7-10两侧偏中间的、具有另一种特质的人就好像自带"桥梁"功能。身上带有的另一种特质使他们得以"翻译"出对方的"语言"，理解对方的意思和意图。对于处于中间的、具有双重身份的人来说，他们自身兼具理论储备和实践储备以及企业家的创造力和学者的严谨，可以自己包揽双视角，形成既有实践价值又有理论价值、兼具独特性和可传播性的管理思想，并为其创造的管理思想打上具有强烈个人风格的独特标签。

7.3.3　企业家和一般管理者的管理思想形成过程

不同于企业家与学者分处不同的场域，企业家与一般管理者共同处于企业之中，共处于实践界，并且接收实践中的第一手资料。企业家和一般管理者都是直面现实问题、直面绩效考验的群体。他们形成管理思想的首要目标是相似的，即应用于实践，应用于个体企业的实践，并寻求应用的效率和效果，而非发现放之四海而皆准的规律、追寻确切的影响指数以及形成严谨的知识和理论（Sharma & Bansal，2020；贾旭东等，2018）。虽然企业家与一般管理者都是实践派，形成管理思想的首要目标都是将其应用于实践，但是两者在站位和一些精神及价值维度上往往明显不同。这使得他们在管理思想的形成过程中往往有不同的表现。

首先，企业家和一般管理者形成自己管理思想的动力和压力不同，使两者的部分管理思想形成过程要素构成不同。企业家和一般管理者在对思想创新的内部需要和外部需要上都不甚相同。从个体的内部需要来说，一般管理者和企业家往往在创新精神和对创新的需要上有差距。一般管理者形成自己管理思想的主观意愿也往往没有企业家强烈，动力相对较弱。创新是定义企业家精神的核心，是企业家的最本质属性之一（熊彼特，1990），也是企业家的核心工具（Drucker，1993）。企业家往往有创新和承担风险的意愿，而一般管理者则相对保守（Tan，2001）。在同一社会环境中，企业家也往往比一般管理者更注重独立和自主（Holt，1997）。从外部需要来说，企业的生存和发展需要企业家适时地形成和创造出适用的管理思想。一般管理者背负的对企业的责任没有企业家大，形成自己的管理思想与自身生存的关系也没那么强，所以创新压力比企业家小很多。一般管理者的首要职责往往更侧重于保障上级管理思想的落实和企业管理制度的执行（顾文涛等，2008），而后才是在一定框架和范围内对管理细节进行有限创新。除了在遇到特殊事件时，例如面临裁员或部门重组等高绩效压力时，一般情况下一般管理者不需要为了个人或部门的生存而不得不创新。企业家和一般管理者在形成自己管理思想方面动力和压力的不同会映射到管理思想的具体形成过程中，使一般管理者与企业家的日常状态、形成管理思想的动机和思想变化的意识有明显差异。

其次，企业家与一般管理者站位和职责的不同使两者在形成管理思想的过程中往往采用不同的视角，继而使管理思想形成过程各步骤中所涉及的要件出现差异。企业家主要看宏观，而管理者主要看中观和微观。于是，企业家和一般管理者在形成管理思想的过程中面向不同层面的问题：企业家看方向，看原则，看观念；一般管理者看实施，看细节，看方法。在站位上，一般管理者多为企业中层或基层管理者，直接负责自己管辖范围内的事物，很少需要或甚至不被鼓励去考虑职责范围外的事物，思考的往往是企业中偏中观或微观的事物。企业家是企业的领头人，对整个企业及其成员负有责任，需要统领全局，处于宏观的位置上。企业家把握着企业长远的前进方向，要看环境、看对手、看自己和看前路，既要综合判断竞争力和生命力所在，又要定义企业的目的和使命，还要预见企业的危局和机遇。一般管理者是企业中承上启下的纽带，上承高层的思想和理念，下接员工的行为和态度，要将领导的意图化解为基层员工的具体任务，保障着战略和制度的执行以及绩效目标的实现（顾文涛等，2008）。如果一般管理者的管理思想形成过程中也有系统化衍生阶段，那么企业家和一般管理者在这个阶段中会有比较大的差异：构成要件会有显著不同。企业家管理思想体系中的大部分内容都可以算是关乎管理的原则和观念，也可以被称为是理念，包括前四层中几乎全部的内容和活动层中对活动对象的理解、活动的原则和活动的操作指导思想。企业家主要的思想创造也集中于此。只有活动层中的一部分是具体的管理模式和方法。企业家的精力主要用在把握方向上。观念和原则就是在为具体操作提供方向。而在原则和理念指导之下的管理模式和方法，尤其是细节问题的管理方法，属于执行层面，多属于一般管理者的职责范围。由此，企业家和一般管理者也是彼此最好的管理实践创新搭档之一，在他们的共同努力下，中国优秀企业创造了一个又一个管理创新成果。

再次，企业家与一般管理者在形成管理思想过程中的视野是不同的，并由此使得他们在此过程中往往关注不同的要素和重点。一般管理者往往身处组织化环境中去处理组织里的大小事务，并借助在组织中所积累的知识来应对组织中的各种情境（Schön，1983）。其视野主要聚焦在组织内部。但企业家与此不同。企业家的视野是跨越组织边界的。其工作内容的很大部分，甚至是主体部分，涉及组织与外界的交互，考虑的是组织在环境中的生存和发展，是组织在环境中的相对地位，是组织与相关利益群体的互动等。

最后，企业家的跨组织边界视野和一般管理者的组织内部视野影响的不仅是两者在对组织内外部要素关注上的不同，也会促使两者以不同的方式来看待组织内部的管理活动和资源。一般管理者专注于自己职责范围内特定的管理活动。就像管理学者有各自的研究领域一样，一般管理者有各自负责的部分。一般管理者重点考虑自己管辖范围内的资源或分属于自己职责内的某类资源的分配和使用，以及为部门内争取更多的资源（Diao & Ghorbani，2018），并且在大多数情况下专注于此，而不对跨部门的资源部署做更多考虑。企业家则看重不同资源之间的次序与平衡，看重在有限条件下不同资源之间的取舍。企业家在看全局的前提下聚焦于重点几项管理活动，也就是说企业家对不同管理活动的关注程度不同，且这种不同是基于对全局的判断和把控之下所做出的决定。

7.3.4 中国企业家和外国企业家的管理思想形成过程

大体上来说，世界范围内的企业家群体在很多特质上，尤其是在属于企业家的根基性特点上，是相同的（Holt，1997；Mitchell et al.，2002）。这些相同之处具体映射到企业家身上，展现在精神、思维、态度和行为等多个方面。第一，创新精神无论是在中国还是在外国，都是优秀企业家的鲜明特点。第二，从本研究的研究成果、耐克创始人菲尔·奈特（Knight，2016）的著作以及京瓷创始人稻盛和夫（2020）的著作中发现，无论是在中国企业家身上还是在外国企业家身上都展现出企业家的冒险精神、面对困难时的勇往直前和非凡的毅力。第三，无论是中国的还是外国的企业家普遍来讲都注重自我价值的实现和对个体自主与独立的追求（Holt，1997）。第四，Mullins（2017）通过对其熟识超过20年的企业家的调查发现，企业家与其他商务人士在思维和行为上都有所不同，甚至和商学教育中所鼓励的思维和行为方式也有所不同，并提炼出了六种企业家拥有的反常规的思维和行为倾向。Mullins（2017，p.597）所提出的这六种倾向之中的四种在本研究所发现的中国企业家的管理思想形成过程中都有所体现，它们分别是："是的，我们可以"；聚焦思维而非宽泛思维；问题优先而非产品优先的逻辑；以及"否定"是一种等待被扭转成"肯定"的事物。这些相同之处归根结底展现的都是企业家面对问题和解决问题时的心态、思维方式和行为方式。它们也印证了"实践出真知"这句老话，说明中国企业家和外国企业家在实践的磨炼之下，练就了跨越国界的通用有效的方法。

相应地，这些企业家身上的相同之处带来了企业家管理思想的一些相同之处。例如，张瑞敏和Emotion3D总裁佛罗莱恩·塞特纳都强调客户的真实需求而非自认为的对客户需求的满足（张瑞敏，2005；Wilson，2020）；本研究的研究对象女企业家A24和Robo Wunderkind总裁女企业家安娜·雷罗斯卡都未将获得的行业大奖当作终点或目标，而是将其视为未来充满希望的信号，都追求长期愿景，并且都为自己的"工程师身份"感到自豪（Wilson，2021）。

尽管中外企业家，尤其是成功的企业家，在众多方面存在相同之处，但是对企业家造成影响的文化、政治、环境、历史和哲学等基础的不同也会带来中外企业家一些价值维度上的不同，并进而造成受其影响的商道、思维方式以及行为准则等方面的差异（Hisrich & Grachev，1993；Holt，1997）。

这些不同映射出中外企业家管理思想形成过程上的不同。以中国企业家和以欧美为主的西方企业家为例，至少可以从三个方面描述其不同：

第一，制度环境的不同使企业家形成自己的管理思想时面向不同的时间维度。从一定程度上说，虽然大量中国和欧美的企业家都是立足当下、面向未来的，如刘长乐（星云大师，刘长乐，2008）、彼得森（2018）等，但是不少中国企业家还会多一个维度，即不忽视和不躲避地直面过去。有些中国企业还没处理完转制过程中所产生的历史遗留问题，还不得不背着沉重而又不能轻易抛弃的包袱前行，比如，不再适应企业发展，但又由于历史原因当时难以一次性妥善且彻底地解决，只能以所谓内退等方式实际上下岗而形式上仍然在编的或者提前退休并且享受退休待遇的老员工。在这些企业中，不少企业家正在试图通过管理上的探索和创新来尽快且平稳解决问题。同时有些更慢一步的中国企业还在转制或改革过程中，努力通过管理创新来避免或者尽量少地产生将来会给企业造成长久负担的遗留问题。这些是当下一些中国企业家面对的而西方企业家很少需要应对的特有的困难，也是中国企业家进行管理创新与突破的独特机会和资源。

第二，文化环境及历史积淀的不同，更具体来说就是各自传统文化中传递下来的哲学基础和价值观的不同，造成企业家管理思想的出发点不同。根植在不同的历史条件和社会背景中，承继于古希腊文化传统渊源的西方管理思想和承继于华夏文化传统的中国管理思想烙印着不同的民族精神（贾春峰，2004）。尽管成功的中国企业家和西方企业家具有很多相同的理念和行为，比如重视企业的社会责任，重视与所在社区的和谐关系和对社区的服务，但其背后的原因和出发点不尽相同。相对于西方以英雄主义、理性主义、实证主义、浪漫主义、存在主义和后现代主义等为主体的哲学基础（Joullié，2016），中国以儒家、道家、法家、墨家、兵家和农家等为主体的传统哲学不强调利己、逐利和目的性，而更加强调变通、平衡、普惠、安人、人本、道德性和整体观（陈仁祥，谢若锋，1992；谢菊兰，马彩琴，2005；王利平，2010；贾春峰，2004）。而就目前中西方社会的现状来看，这恰好符合企业长足发展的需求，符合企业的长远利益。换句话说，为了追寻企业长远发展的西方企业家和忠实于中国传统道德要求的中国企业家在很多方面会做出相近的选择。中国传统哲学思想对企业家提出了更高的要求，它们可能是禁锢和枷锁，但更是帮企业家设立底线的智慧。它们能够帮助企业家在无意识中做出最符合企业长远利益的选择，帮助企业家谋求一条利于企业生存的路。它们是帮助企业家树品牌、聚人心的财富。

第三，企业家个人积累的不同，这也带来了企业家管理思想源泉或者说进行管理思想创新所用素材的不同。企业具有一定规模的中国优秀企业家在其管理思想形成过程中往往受西方智慧的启迪，但更深受中国智慧的影响。但大部分外国企业家，尤其是历史上不受中国文化影响的那些国家中的大多数企业家，往往不显著受到中国智慧的影响，或者是仅仅在方法层面上从实用角度学习部分中国传统文化经典——例如，克雷纳（2003）所推荐的可以借以实施商战的《孙子兵法》。一般来说，现代中国优秀企业家的个人积累之中，会有几乎不分国别的各国企业家都可能涉猎的科学技术类知识、经典经济学智慧、世界管理思想史中的奠基性思想、先进企业的管理模式以及当代杰出管理学者和当代杰出企业家的管理思想等；也会有中国企业家往往更深有体会的中国传统智慧和马克思主义中国化的理论成果——例如，《菜根谭》（洪应明）、《中庸》（子思）、《资治通鉴》（司马光）、《孙子兵法》（孙武）、民间俗语、中国历史商帮经营管理哲学和思想、毛泽东思想、中国特色社会主义理论体系等。这些带有中国印记的智慧通过企业家的个人积累以及在个人积累影响下的企业家对中国情境的分析、企业家的思维方式和企业家对素材的应用，在企业家产生自己管理思想的过程中发挥着重要作用，也给企业家形成的管理思想植下中国基因。

7.4 本章小结

在本章中，笔者基于理论性编码对三个子核心范畴与核心范畴之间的关系进行了梳理，得到了由一个总体框架模型和三个子模型构成的中国企业家管理思想形成过程模型，阐述了中国企业家管理思想形成过程三阶段的内涵以及企业家管理思想的发展规律，阐述了本研究所提中国企业家管理思想形成过程模型在其他相关群体中的适用性，还阐述了通过本研究所提模型可以识别出的中国企业家在管理思想形成过程上与学者、一般管理者和外国企业家的一些相同和差异之处。

　　第 4 章得到的部分管理思想产生过程、第 5 章得到的管理思想系统性衍生过程和第 6 章得到的管理思想变化过程作为中国企业家管理思想形成过程的三个阶段，共同构成中国企业家管理思想形成过程。笔者在本章中结合三阶段的特征将对应三阶段的三个子模型分别命名为"生模型""长模型"和"活模型"。企业家的管理思想在三个子模型的作用下产生、繁衍和不断发展，企业家的管理思想体系也不断接受由"生""长"和"活"三种机制供给的管理思想并由此变得愈加丰富、完善和先进。中国企业家与管理学者、中国企业家与一般管理者和中国企业家与外国企业家在管理思想形成过程上的根本差异点是不同的。这些根本差异又导致了形成过程中的更多细节差异。这三组对比验证了本研究所提模型在一定程度上反映个体管理思想形成过程一般规律的同时，还突出了中国企业家群体在管理思想形成过程上的特征。

第 8 章 结 论

至此，本研究完成了预期研究任务，实现了预定研究目标。作为本书的最后一章，第一节总结了本研究的主要研究结论；第二节和第三节分别概括了本研究的理论贡献和实践价值；最后一节说明了本研究的局限性和未来研究方向。

8.1 研究结论

本研究以中国企业家管理思想的形成过程为研究主题，使用经典扎根理论方法，通过对 24 位卓有成就的中国企业家的访谈和对 19 位中国杰出企业家的著作、演讲集、期刊文章和访谈录等公开发行或发表的署名文本材料的分析，逐步得到中国企业家管理思想形成过程中的一系列要素以及中国企业家管理思想体系的一系列组件，探明了中国企业家管理思想的主要源泉、这些源泉以怎样的形式影响着中国企业家管理思想的形成过程以及中国企业家的管理思想，并最终得到由三个主要阶段组成的中国企业家管理思想形成过程模型。

本研究所提模型由一个总体框架模型和三个子模型构成，揭示了中国企业家形成自己管理思想的过程及其中的三个主要阶段——部分管理思想的产生、管理思想的系统性衍生和管理思想的变化。在这三个阶段中，管理思想分别经历诞生、长出相关思想和活起来这三段过程。对应三个阶段的三个子模型分别被称为"生模型""长模型"和"活模型"。企业家的思维在经历这三段过程中的任何一段时都可以为企业家带来新的管理思想，也可以同时处理关于不同管理问题的多个管理思想。这些被同时处理着的不同思想也可以处于不同的发展阶段，但都和已有的管理思想体系具有互动关系。对于企业家关于某个特定管理问题的管理思想来说，本研究所提模型中的三个阶段就是它所经历的诞生、繁衍和变化三阶段：它从企业家管理思想的产生过程中诞生，在管理思想的系统化衍生过程中繁衍出其他思想，再在管理思想的变化过程中被改变或迭代更新。这三个阶段在大多数情况下是按顺序依次发生的，但在一些情况中触发变化的信号会先于系统化衍生出现，所以第三个阶段也可能跨过第二个阶段直接出现。对于企业家的整个管理思想体系来说，本研究所提模型揭示了这个体系萌芽、扩展以及发展和更新的过程：在管理思想体系外元素的影响下逐步出现零星的点，在管理思想体系内部元素间关系的作用下初现体系性再逐渐变得愈加丰富与完整，又在不时发生的外部刺激下不断变化，在管理思想体系内元素间相互牵制和相互作用中逐渐形成更完善且适应时代甚至引领时代的管理思想体系。

在中国企业家管理思想形成过程的第一阶段"生模型"中，企业家利于管理思想产生的日常状态、形成管理思想的动机、个人积累、对中国情境的分析、思维方式、对素材的应用和管理思想的表述形式先后发挥作用。在它们的共同作用之下，企业家产生了一些属于自己的管理思想。企业家利于管理思想产生的日常状态是这一段过程中的根基。它由行为习惯和心理状态两个主要部分组成，奠定了企业家管理思想产生的基础，也保障了企业家对形成自己管理思想的动机的敏感性和他/她的个人积累。企业家形成管理思想的动机是管理思想产生的正式开端，也是产生相应管理思想的直接目的。企业家形成自己管理思想的动机主要分为解决企业现有问题、寻求不同于其他组织的做法和打造更好的"自己"三类。伴随着动机的出现，企业家进入产生管理思想的思维流程之中。它引发了后面的一系列思维过程，也在相当程度上影响企业家对形成自己管理思想的素材的加工与应用方式。企业家的个人积累在一定程度上受他/她常年利于管理思想产生的日常状态影响，由个人经验和体会、个人继承和吸收所得、对市场竞争的认识和知识积累四个主要方面构成。企业家个人的特殊过往和企业家特有的知识结构在此发挥作用，影响企业家产生管理思想。企业家的个人积累影响他/她对中国情境的分析、他/她的思维方式和他/她所积累的可以用于形成管理思想的素材。由中国式管理的意识和对中国实际情况的理解和判断两个主要部分所构成的企业家对中国情境的分析和以重要性思维、比较思维、迁移思维、批判性思维、归纳思维、演绎思维、多视角思维、透视思维、逆向思维、系统性思维、建设性思维及悟性思维为代表的企业家思维方式，这两大类因素也影响企业家对素材的应用。企业家在四大类因素的综合作用下进行对管理思想形成素材的处理和加工以实现自己的管理思想创新。这四大类因素分别是企业家形成管理思想的动机、个人积累、思维方式和对中国情境的分析。对素材的应用是这一段过程的核心，是实质性创造的步骤。从所应用素材的类别来看，大多数企业家对素材的应用可以被归类为对企业内部脑力资源的合理运用、对世界公共知识的应用、对中国素材的处理和对外国素材的处理。从所采用的技术手段来看，企业家在这一步骤中所采取的主要方法有：合理运用、调用、分析性引进、有附加地吸收、重新思考和改造。在企业家某个管理思想正式产生之前，发挥作用的最后一大类要素就是企业家管理思想的表述形式。企业家通过对素材的应用所产生、创造出来的想法和隐性知识等，经过特定表述形式的加工，最终被梳理、清晰化和显性化为可表述、可传达的管理思想。

在中国企业家管理思想形成过程的第二阶段"长模型"中，企业家管理思想体系内部的要素，经由企业家管理思想的一致性和相关联问题之间的启发，对企业家更多管理思想的产生发挥作用。企业家已形成的部分管理思想经历系统性衍生的过程，助力企业家产生更多的管理思想。企业家管理思想体系内部的要素可以划分为价值层的管理思想、假设层的管理思想、概念层的管理思想、准则层的管理思想和活动层的管理思想。企业家管理思想体系内关于各项管理问题的管理思想具有同层内的横向一致性和层次间的纵向一致性。从内部逻辑关系上来讲，从价值层的管理思想到活动层的管理思想，其思维深度、基础性、统领性、概括性和抽象性都逐层递减，并且具象程度、显露程度和针对性都逐层递增。在不考虑管理思想体系外部作用的情况下，企业家在价值层所做出的选择，可以依次影响到他/她的假设层、概念层、准则层直至活动层的管理思想。其下各层也会有同样的向下传递效应。相应地，下层管理思想往往实际上都隐含了它背后的上层管理思想。企业家收到的管理思想的实践效果和企业家结合更多信息和经历进行的深入思考，会激发企业家对上层管理思想的梳理和调整，进而促进上层管理思想的明确出现。

在中国企业家管理思想形成过程的第三阶段"活模型"中，企业家管理思想变化的意识、管理思想变化的诱因和时机、对寻求管理思想变化的确认、管理思想变化的产生、管理思想变化的系统化以及管理思想体系的跨时间系统性是这段过程的六大要素。其中，变化的意识是这一切的前提，为后续变化的发生提供了必备氛围。企业家管理思想变化的意识由企业家对"变化"的认识和对管理创新重要性的理解两个主要部分构成。它代表了企业家对管理思想发生变化的接受程度以及是否会主动寻求管理思想的变化。企业家管理思想变化的诱因和时机主要包含时代、环境、企业和企业家四方面的因素，这些因素涵盖了世界上、中国内、行业中、企业内和企业家个人身上所发生的会影响企业家管理思想的有效性、适用性和合法性的种种变化和事件。这些诱因和时机是后续变化的触发器和导火索。企业家的思维随后依次历经对寻求管理思想变化的确认、变化的产生和变化的系统化三个主要步骤。企业家对寻求管理思想变化的确认过程是企业家对自己原有管理思想进行自省的过程，主要涉及对原有管理思想的反思、对改动所涉及管理思想层次的判断以及对改动程度的判断。管理思想变化的产生是这一阶段中产生实质性成果、产出管理思想变化的第一个子阶段。在这个过程中企业家使用多种方式，在原有管理思想的基础上进行管理思想的迭代，或者在实践反馈、新观念、新想法或新信息的指导下改变针对某些问题的管理思想。管理思想变化的系统化是一次管理思想变化的收尾阶段。它包括管理思想体系中不同层次间思想变化的联动和同一层次内相关管理思想变化的联动。在这个步骤中，管理思想体系内的各项有关管理思想在体系内关系的启发作用和制约作用下，发生层次内和层次间两个方向上变化的联动。至此，一次完整的管理思想变化过程结束。历经这一过程，企业家得到了原有管理思想被迭代或改变后产生的新的管理思想，而企业家的管理思想体系也再次回归系统性并最终实现管理思想体系的跨时间系统性，即在多个时间点上的管理思想体系之间往往呈现出合理接续、个人风格的一致性以及核心思想的连贯性这三类展示跨时间系统性的特点。企业家管理思想体系在横向、纵向和时间这三维上都实现一定程度的一致性。

除了中国企业家管理思想形成过程模型之外，本研究在中国企业家管理思想的形成过程这一研究主题上，还有其他三项研究成果。

首先，本研究得到了中国企业家管理思想体系的五层框架。中国优秀企业家的管理思想往往自成体系。这一体系往往呈现自深层到表层的五个层次：价值层、假设层、概念层、准则层和活动层。正如在形成过程模型中所阐述的，该体系在层次内和层次间，即横向和纵向上，都具有一致性和系统性。价值层的内容体现的是企业家有关企业管理的一些价值观。这层内容主要由企业家关于管理要素、管理要素的优先级以及人与组织关系这三类问题的思想所组成。假设层的内容体现的是企业家对管理会涉及的两大主体——企业与员工的一些基本假设，也是后续具体管理行为和管理思想的逻辑基础。这层内容主要由企业家关于企业的本质、企业的经营对象、企业的对手、企业的发展机理和关于员工的假设这五类问题的思想所组成。概念层的内容体现的是企业家给管理这种活动所下的一系列定义。这层内容主要由企业家关于管理的概念、管理的本质和管理的目的这三类问题的思想所组成。准则层的内容体现的是企业家对于企业管理的总体原则与心中追求的一些标准。这层内容主要由企业家关于管理的整体原则、企业核心竞争力和一流标准这三类问题的思想所组成。最后是最贴近实操环节中具体问题的活动层。这层内容体现的是企业家对于具体管理活动的思想。这层内容主要由企业家关于具体管理活动对象的理解、具体管理活动的原则、具体管理活动的操作指导思想以及具体管理活动的模式和方法这四类问题的思想所组成。从管理思想体系中的价值层到活动层的内容体现了企业家的务虚与务实。企业家重视对管理深层问题的理解，重视对原则和方向的把握，也对具体管理活动的内涵和方法进行思考。

本研究的另一项研究成果是发现，虽然企业家的管理思想时常会随着时代、环境、企业和企业家某些方面的变化发生改变或迭代，但往往其中总有一些成分是不易发生改变、甚至会逐渐成为企业家的标志性特征的。这些标志性的特征可以是企业家管理思想中所展露的个人风格，包括成长环境的印记、独特的知识结构、明显的个人特质以及鲜明的表述特征或语言习惯等；也可以是企业家管理思想中的核心思想，包括保障核心竞争力的方法、对特定事物的重视和对特定事物的某种特定理念等。

此外，本研究发现中国企业家管理思想的形成过程能够展现管理思想形成的很多一般规律，但也具有其特征，体现出其与管理学者、一般管理者及外国企业家管理思想形成过程的不同。企业家处于实践环境中，以企业的生存和发展为主要职责，其管理思想形成后的主要去向是管理实践；而管理学者处于学术环境中，往往以丰富和发展理论为主要职责，其管理思想形成后的主要去向是丰富管理理论。由此使企业家和管理学者的管理思想形成过程越向细节看差异越大，也使他们往往成为推动管理思想和理论发展的好伙伴。企业家与一般管理者同处实践界，但他们形成管理思想的动力和压力以及站位和职责不同。在形成管理思想的过程中面向宏观、方向、原则和观念的企业家和在此过程中面向中观和微观、实施、细节和方法的一般管理者往往成为管理实践创新的好搭档。中国优秀企业家具有与世界范围内优秀企业家相同的基本商业逻辑和企业家精神，但也受中国具有特色的制度环境、文化环境及历史积淀等因素的影响使其管理思想形成过程呈现自己的特点。这些特点尤其体现在其管理思想所面向的时间维度、其管理思想的出发点以及其个人积累和管理思想源泉上。这些中国企业家在管理思想形成过程中呈现的特点展现了中国企业家管理思想在世界管理思想发展中的独特价值。

中国优秀企业家在形成自己管理思想的过程中既汲取了中国传统文化中的管理智慧，又学习了西方现代管理理论。他们的管理思想形成过程并不是一个简单"拍脑袋"的过程，而是看似简单、实则高度集成和系统化的过程。在这个过程中，其感受、记忆、经验、技术、知识、思维方式和基础价值观等起着重要作用。他们不仅产生了自己的管理思想，实现了管理思想创新，还产生了成体系的管理思想，在多项、多级的管理问题上有自己成系统、具有一致性的管理思想。他们追求企业的生存和发展，追求对财富的创造，也在追求企业生存、发展和财富创造的道路上，为管理实践、管理思想和管理理论的发展做贡献。企业家是追随时代、积极改变、积极创新的人。成功的企业家敏感而不惧怕变化，可以及时捕捉并跟上任何有价值的"风吹草动"，甚至预测变化、引领变化。他们的管理思想响应着自身的价值追求、企业生存的需要、用户和客户的需要、时代的需要和国家经济发展的需要，也为管理理论的发展和人类智慧成就作出贡献。在改革开放已40余年的今天，创造了中国优秀企业的中国优秀企业家背后有其已经历了"生""长"和"活"发展阶段的一套套具有系统性、具有生命力且相对完整的管理思想体系。这些管理思想体系将随着中国企业的成长和中国管理研究影响力的扩大，成为世界管理思想丛林中日渐显著的力量。

8.2 理论贡献

本研究应用经典扎根理论通过访谈和文本分析等方法，深入剖析了中国企业家管理思想形成的过程与路径，并在管理认知研究、中国企业家管理思想研究和扎根理论研究方面呈现了四点理论贡献。

首先，本研究建立了中国企业家管理思想形成过程模型，揭示了优秀管理实践者的一种认识过程，丰富了管理认知研究。企业家经过实践检验的管理思想不仅是管理思想内容研究的宝贵素材，也是管理认知研究的宝贵资源。而以往对此资源加以使用的研究多聚焦于管理思想内容研究，对管理认知研究的贡献往往在于提出某项或某几项对企业家管理思想产生影响的因素。只有为数不多的研究会说明所关注的一项、几项或某范畴之内的几项影响因素的作用方式。这使此研究领域得到了种类纷繁、主次关系不明、先后关系不明和加工处理方式不明的众多影响企业家管理思想形成的因素。以往的研究成果说明企业家管理思想的形成至少受到其所在企业的市场竞争环境与状态（欧绍华，2013）、其所处社会的主流价值观（苏宗伟等，2013）、其个人经历（刘刚，程熙镕，2015）和其性格特点（李丙军，冉伦，2016）等多类因素的影响。本研究所提出的中国企业家管理思想形成过程模型不仅包含企业家管理思想形成过程中被分类归置后的众多要素，包含这些要素之间的联系与相互作用方式，还包含这些要素在整个思想形成过程中的地位和作用阶段。这些要素不仅揭示了中国企业家管理思想形成过程中的影响因素，还揭示了这些因素以怎样的方式、方法被企业家加工和处理。在本研究所发现的中国企业家管理思想形成过程中，圣吉等（2018）所提出的个体深度学习有所展现，Argyris（1991）所提出的双环学习有所展现，类似 Schön（1983）所提出的行动中认识两过程有所展现，张东荪（2011，p. 34）在阐述认识的多元论中所说到的"外界有其条理；内界（即心）亦有其立法；内界的立法又分两种，一为直观上的先验方式，一为思维上的先验方式"也有所展现。这为本研究所提出的中国企业家管理思想形成过程之科学性提供了佐证。本研究所提模型不只是展现了在以往研究中已经被理论化过的过程与模式。中国优秀企业家通过"生""长"和"活"三阶段形成自己的管理思想。在第一阶段中，部分管理思想经由点式的发想被企业家创意化出来；在第二阶段中，管理思想经由从点到网的联想被企业家系统化、体系化出来；在第三阶段中，管理思想遵循"变"的规律被企业家不断时代化而形成具有时间维度的活起来的思想。这整个过程包含了与现有知识的互动、与组织信息的互动和与现实结果的互动；包含了学习、创造、衍生、调适和再系统化的过程。本研究在这一过程中还提炼出了有别于以往管理认知研究中发现的一些方式方法。例如，虽然管理学者在借用西方管理概念与理论分析中国问题时引入情境化方法抓住本土要素以构建管理理论（任兵，2016），但中国优秀企业家对外国先进管理素材的处理方式则以有附加地吸收、分析性引进和改造为主。例如，管理学者在开发理论时对观察力、想象力和创造力的强调（史密斯，希特，2016b），与中国优秀企业家在形成自己管理思想时对"悟"的强调虽有相似之处，但却不同。本研究对管理认知研究的丰富直接体现于提出了一种优秀管理实践者认识管理的过程和路径。

其次，本研究形成一个中国企业家管理思想体系框架，并论证了中国优秀企业家管理思想的系统性，丰富了中国企业家管理思想研究。就像雷恩和贝德安（2011）在其所著《管理思想史》中所呼吁的那样，对于管理思想研究来说，相对于模型，更被需要的是框架。现有中国企业家管理思想研究更多针对某一企业家进行研究，聚焦于该企业家的一项或少数几项管理思想或管理思想特征，然后研究者或止步于此或进而探索所得管理思想对企业实践的影响模型（如，方安静等，2015；张安淇，2016）。也有相对少数的研究者从更宏观的角度纵览较长一段时间内多位企业家管理思想的精髓，并选取角度对其中的规律进行提炼（如，贾永轩，2005）。少有研究者以框架式思维对企业家管理思想进行分析，并以系统方式建立企业家关于各管理问题的思想之间的联系。本研究通过对中国优秀企业家管理思想体系组件和结构的探索，提出并论证了一个中国企业家管理思想体系框架。Child（1968）发现在英国管理思想史中，管理思想架构中包含假设、价值观、概念以及关于管理技术的和关于合法性的管理思想。而本研究发现，中国优秀企业家的管理思想不仅包含一系列价值观、假设、概念和具体方法，还包括一系列展现企业家心中所求的原则与标准。中国传统管理思想强调整体观，追求管理系统与外部的和谐以及管理的各要素与功能的统一和有序（贾春峰，2004）。本研究通过对中国企业家管理思想体系五层框架及其要素间的联系发现，中国当代优秀企业家也传承了这一特点。相对于中国企业家管理思想研究中经常出现的独立条目研究和因果关系模型研究，本研究架构了中国优秀企业家管理思想的内容，探明了企业家关心的重点和企业家在企业中所做思想贡献的类别和边界，也证明了中国优秀企业家管理思想的系统性。因此，本研究丰富了中国企业家管理思想研究。

再次，本研究明晰了中国元素（包含传统元素和时代元素）和外国元素分别在当代中国企业家管理思想形成过程中发挥重要作用的具体内容及其发挥作用的步骤和方式，丰富了中国式管理的研究方法。

储小平（2000，p. 38）曾提出，虽然管理学界提出由"以我为主、博采众长、融合提炼、自成一家"的方法来构建中国管理科学，但学者对作为首要研究对象的中国本土的内容具体指什么、以什么样的标准来判断别人的长处以及如何融合提炼等一系列问题的探讨还不够深入。虽然距离这一观点的提出已经 20 年，但是这一问题仍然没有得到较为完善的回答。尽管越来越多的研究者投入对中国企业家管理思想的研究中，也有如贾旭东和衡量（2016）以及田志龙（2018）等著名学者对如何开展针对中国本土企业家管理思想的研究提供思路与建议，但对这些管理思想进行清晰地追本溯源、对回答前面储小平（2000）所提问题具有显著意义的研究仍然是凤毛麟角。本研究在此道路上作出了积极贡献。Holt（1997）曾在其量化研究中发现中国企业家一方面受以孔孟哲学为代表的传统哲学和价值观的影响，另一方面也受西方输入文化和概念的影响；陈仁祥和谢若锋（1992）曾以思辨的方式提出了以现代管理理论为主导、兼顾批判与继承、从各派思想中确定继承的主源、根据时代的需要和将传统思想应用于体现管理个性的"软管理"中而非体现管理共性的"硬管理"中的五项原则。本研究用扎根理论进行研究，获得了与 Holt（1997）的发现相似、与陈仁祥和谢若锋（1992）所提观点不矛盾且部分支持了其观点、但比其更加丰富的研究结果。本研究通过对中国优秀企业家管理思想形成过程的挖掘，也呼应了张岱年和程宜山（2015）所提出的以辩证的综合创造为实现中华民族文化复兴之坦途而努力的主张。中国当代企业家的管理思想体现着中国传统文化精神和管理思想精髓，体现着西方现代管理理论所带来的影响，体现着马克思主义中国化的理论成果所带来的影响，体现着不同时代中国社会在技术、信息交换程度和速度、重要消费渠道和方式、客户需求、主流导向以及大众工作方式等方面的特点。在中国当代企业家的管理思想中有中国的基因，也有对西方的借鉴；有传统思想的遗传，也有现代流行元素。本研究在一定程度上对中国优秀当代企业家管理思想中采集的主要本土元素、外来元素和两者各以何种方式被选择、应用或结合进行了剖析，也明晰了中国当代优秀企业家管理思想中的中国传统成分和时代成分，即深入骨髓的哲学基础和与时俱进的变化内容，以及两者在思想形成过程中的分量。

最后，本研究充分发挥了经典扎根理论不拘泥于因果关系模型理论形式的优点和在行动研究中的优势，在研究中将其应用到对不明显展露在外的个体管理思想形成过程与机制的揭示之中，丰富了经典扎根理论研究。使用经典扎根理论研究方法，本研究基于访谈数据和文本数据，建立了中国企业家管理思想形成过程模型和中国企业家管理思想体系框架模型，证明了经典扎根理论在管理思想研究和管理认知研究中的适用性，展示了该方法被应用于相关主题研究的一些潜在优点，为相关领域研究者提供了一种思路。

8.3　实践价值

本研究的实践价值主要表现在以下四个方面。第一，本研究可以助力想要成为企业家的人或者想要向成功企业家取经的创业者或企业家。以中国优秀企业家为研究对象，结合示例与编码，本研究不仅阐述了其管理思想的形成过程以及管理思想体系的构成，还梳理了他们的日常心理状态和行为习惯以及对某些事物的基本态度。这样，本研究在一定程度上揭示出这些优秀企业家的所思所想、他们的关注点、他们考虑的因素、他们想要避免的东西以及他们追求的东西。这些都为想要了解和学习他们的人提供了线索，也为他们形成和养成像成功企业家一样的思维习惯和行为习惯提供了指引。由此，本研究也为更多潜在的成功企业家的成长与显现做出了一份贡献。如果有兴趣想要对此话题进行进一步了解或研究的未来企业家，可以阅读本书表3-3中列举出的文本。这些文本均为本研究中发现的含有高密度的可揭示成功企业家管理思想及其形成过程的信息的文本。此外，本研究在此对受访企业家给后来者在形成自己管理思想上的一些建议进行梳理，主要有以下五点：（1）不要盲目地借鉴和自己企业规模或行业相差过大的知名企业的做法，借鉴这些企业的意义恐怕不如向和自己公司主营业务性质相似的组织学习，也不必非要拘泥于向企业学习；（2）管理思想最终是要落地的，是要和员工沟通并让他们理解和认同的；

（3）管理思想是能够反映个人价值观与个人品质的，但同时，做人和做企业还是不尽相同的；（4）涉及企业制度的管理思想往往是具有时效性的，要配合企业的规模和发展阶段，即使知道更先进的管理可能是什么也要关注企业实际情况和现有条件去设计，再找对时机推动变化；（5）对迎接困难有充分的准备，也享受创造的快乐，创造价值、创造记忆以及创造思想。

第二，本研究可以从三方面助力管理者。首先，本研究所提的企业家管理思想体系框架展示了企业家在企业管理中关注的重点，也从侧面展示了管理者应当发挥自己的才能进行管理思想创造、创新的空间。管理者可以借此框架更清晰地理解企业家在意的问题，更准确地把握企业家和自己的角色分工，更准确地站位和为企业家提供更有力、更恰当的支撑。其次，本研究所提思想体系框架和思想形成过程模型可以帮助管理者对企业家的管理思想进行分析和解构，使其更加了解自己的领导，更深层次地理解自己领导的管理思想。最后，管理者也可以将本研究所提模型进行适应性改造，并在自己形成管理思想的过程中进行借鉴。

第三，本研究对中国优秀企业家管理思想的体系性和三维系统性进行了阐述，由此可为想要借鉴他人管理方法或模式的人提供提示，即管理思想体系中的各组件应具有一致性，应彼此协调且能够配合，不应盲目或杂乱地引入他人的管理思想或管理方法。具体的管理方法不是孤立存在的，而是一系列管理思想作用下的产物，是要基于企业家的特定管理基本假设和基本管理逻辑才能产生特定效果的。如果只看到某套管理方法在别处的良好应用效果，而脱离与之配套和为之奠定基础的一系列管理思想来孤立地看这套管理方法，就是只知其然而不知其所以然。这很可能导致管理方法的应用效果大打折扣。本研究中的优秀企业家对很多问题的认识并不一致，看法也不尽相同，但都各自自成体系。所以如果东借一点西凑一点，这些方法的底层逻辑很容易发生矛盾。由此，本研究对想要形成自己管理思想或借鉴他人管理思想和方法的人所做出的提示之一便是：无论信奉何种管理理论，将其在思想体系中一以贯之、融入管理体系的各个细胞中，并以此为标准衡量具体的管理方法和行为，才更有可能令管理思想体系或管理体系内部自洽并最大限度地发挥效用。

第四，本研究可以为想要像企业家一样思考的人提供帮助。本研究揭示了中国优秀企业家通过思维过程形成自己管理思想的路径与过程，可以助力其他群体中的人了解企业家的思维方式与过程，可以为其他领域内的人提供一种不同的思路，助力他们跳出自己本领域的思维范式去进行管理思想创造，甚至启发他们进行其他方面的思想创造。他们可以借鉴本研究所得到的管理思想形成过程模型，跳出自己的思维惯性，尝试与自己惯用的途径不同的途径，以便取得更大更多的收获。

8.4 研究局限和未来研究方向

本研究具有其局限性，也相伴而生了未来的研究方向。第一，本研究对企业家形成自己管理思想的路径与过程进行研究，关注的是企业家相对于自己来说所进行的思想创新，但是，受本书篇幅所限，未涉及对企业家管理思想"过度创新"问题的讨论。谈及创新，一个相关的问题就是创新是否适度。创新并非总能带来好的结果。有些盲目的、过度的创新反而促成了企业的"自杀"（杨杜，邓增永，2005；杨杜，2007）。企业中的各方面都可能存在过度创新的问题，既有技术方面的和投资方面的，也有管理方面的和产品方面的（熊焰韧等，2018；廖国民，2009；张屹山，王大明，2017；王俐娴，2009）。同样，对于企业现实而言，管理思想创新也有适度和过度之分。本研究主要关注成功企业家形成自己管理思想的方法、路径与过程，只对管理思想是完全照搬的、还是企业家自己形成的进行了判断，并没有将创新程度不同的管理思想进行分类讨论。而且，本研究关注的是成功企业家，其目的是丰富中国企业管理思想研究，推广中国优秀企业家的经验与方法。值得注意的是，失败的企业家比比皆是，而且，就像吴光琛（2002）书中所总结的那样，其失败各有各的失败原因，其中就包括过度创新所导致的失败。除了优秀企业家之外，有些遭遇人生滑铁卢的企业家，也有自己的管理思想。虽然本研究发现优秀企业家的管理思想是匹配于时代或者适度引领时代的思想，而非落后于时代的或者超越时代的、理想主义的思想；也发现大多数优秀管理思想是既有成功管理实践背书、又能用于指导和服务于管理实践、还在管理实践中不断检验、调适和发展的思想；但本研究的研究结果并没有对为什么有的企业家通过管理思想创新帮助自身企业甚至更多的企业走向成功、而有的企业家也进行了管理思想创新却让自己走向了不归路这一现象做充分阐释。如果可以找出由管理思想上的过度创新而导致创业失败或使得企业无法继续生存的曾经辉煌一时的企业家，与成功企业家进行对比研究，探索企业家成功的管理思想创新与过度的管理思想创新之间的区别，就可以为更多企业家提供有关管理思想创新的一些警示，也可以离找到恰当思想创新的边界更近一步。

第二，本研究对中国优秀企业家群体进行整体研究，实现了理论饱和，纳入了尽可能丰富的数据，对不同地域、代际、行业、企业类型的中国优秀企业家具有相当的覆盖性（详见第 3.4 节），但研究样本并未更详尽地覆盖中国全部省级行政区、全代际、全行业门类、全企业类型的优秀企业家，本研究对属于某些子群体的特点有所疏漏的可能性仍然存在。后续研究除了可以通过扩展样本实现对本研究所提模型的验证和进一步完善之外，还可以通过对中国企业家群体分地区、分代际、分行业、分企业类型的细分研究和对各子群体的对比研究深入抓取和挖掘中国企业家各子群体在管理思想形成过程上和管理思想体系上的特征和差异点，对中国企业家管理思想形成过程做进一步的探讨，丰富中国企业家管理思想形成过程研究。

第三，本研究基于经典扎根理论对中国企业家管理思想的形成过程进行研究，得到了针对中国企业家的实质理论，也对该理论模型对其他群体的适用性进行了讨论，但并未进行基于多个群体的比较研究或者与针对其他群体的管理思想形成过程的实质理论进行比较以形成形式理论。按照经典扎根理论的观点，扎根理论基于三层概念化视角进行分析：第一层是数据；第二层是从数据到范畴及其属性的概念化；第三层是通过形成理论而进行的总体整合（Glaser，1998）。但在此之上还有第四层概念化，也就是将实质理论形式化到一个更加宽泛的概念层级上（Glaser，1998）。本研究之所以没有进行第四层概念化主要出于两个原因。第一，至第三层为止，本研究已经形成了关于中国企业家管理思想形成过程的实质理论，实现了本研究的研究目的，充分体现了本研究聚焦于中国企业家这一群体，也符合本研究想要实现的理论贡献与实践价值。第二，如果将其普遍化、概念化至形式理论，并不符合本研究的初衷，会丢弃本研究所看重的情境。故而本研究止步于第三层概念化。有兴趣且有足够资源和精力的研究者可以在此基础上通过跨群体或跨思想类别的比较研究，或通过与更多相似主题实质理论的比较，形成更具普适性的、有关个体思想形成过程的形式理论。

参考文献

［1］本书编委会．社会主义富华西：吴仁宝宣讲报告集萃［M］．北京：光明日报出版社，2011.

［2］白永秀，宁启．改革开放 40 年中国非公有制经济发展经验与趋势研判［J］．改革，2018（11）：40 - 48.

［3］白长虹．企业家精神的演进［J］．南开管理评论，2019，22（5）：1 - 2.

［4］彼得森．黑石的选择：黑石创始人彼得·彼得森的人生七堂课［M］．施轶，译．杭州：浙江人民出版社，2018.

［5］财富中文网．2020 年《财富》世界 500 强排行榜［EB/OL］．（2020 - 08 - 10）［2021 - 01 - 25］．http：//www. fortunechina. com/fortune500/c/2020 - 08/10/content_ 372148. htm.

［6］曹德旺．心若菩提［M］．北京：人民出版社，2015.

［7］曹德旺．中国梦必须要有自信［J］．人民论坛，2017（3）：20 - 21.

［8］曹德旺．做不到这 4 条的人，不配做老板！［J］．企业文化，2018（6）：84 - 85.

［9］曾仕强．中国式的管理行为：21 世纪全球瞩目的中国式管理（实务篇）［M］．北京：中国社会科学出版社，2003.

［10］常桦．中国当代企业家管理思想述评［M］．北京：纺织工业出版社，2004.

［11］常建坤．中国传统文化与企业家创新精神［J］．经济管理，2006（18）：77 - 81.

［12］陈春花．论形成"中国式管理"的必要条件［J］．管理学

报，2010，7（1）：7 – 10，16.

[13] 陈光连，杨琴. 荀子差序管理伦理思想探微 [J]. 领导科学，2019（6）：108 – 111.

[14] 陈仁祥，谢若锋. 略论古代管理思想的现实继承 [J]. 湖北大学学报（哲学社会科学版），1992（6）：31 – 33.

[15] 陈向明. 扎根理论在中国教育研究中的运用探索 [J]. 北京大学教育评论，2015，13（1）：2 – 15，188.

[16] 陈向明. 质的研究方法与社会科学研究 [M]. 北京：教育科学出版社，2000.

[17] 陈怡安，赵雪苹. 制度环境与企业家精神：机制、效应及政策研究 [J]. 科研管理，2019，40（5）：90 – 100.

[18] 程美东. 在研读马列经典著作中打通思想政治理论课的知识体系和思想体系 [J]. 思想理论教育导刊，2014（2）：13 – 14.

[19] 储吉旺. 商旅风云 [M]. 上海：上海社会科学院出版社，2005.

[20] 储吉旺. 商旅心迹 [M]. 上海：上海社会科学院出版社，2010.

[21] 储吉旺. 我与外商打交道 [M]. 沈阳：白山出版社，1997.

[22] 储小平. 中国式管理科学建构的探讨 [J]. 中国软科学，2000（4）：38 – 41.

[23] 崔瑜. 守正出奇刘强东 [J]. 企业管理，2018（9）：40 – 42.

[24] 单许昌，杨百寅. 组织中个人知识是如何生成与创新的——基于知识整体论的视角 [J]. 科学学与科学技术管理，2014，35（12）：119 – 127.

[25] 稻盛和夫. 敬天爱人：从零开始的挑战 [M]. 曹岫云，译. 北京：机械工业出版社，2016.

[26] 稻盛和夫. 心：稻盛和夫的一生嘱托 [M]. 曹寓刚，曹岫云，译. 北京：人民邮电出版社，2020.

［27］邓红辉，曾鹦，陈蛇．基于知识获取的企业家创业机理研究［J］．软科学，2019，33（4）：75－80．

［28］邓荣霖．《中国企业家成长问题研究》：企业家理论的新突破［J］．经济管理，2006（16）：96．

［29］邓伟升，许晖．当东方遇到西方——管理移植与创新视角下的闫希军"理性和合"管理思想探索［J］．管理学报，2020，17（5）：633－644．

［30］董明珠．行棋无悔［M］．珠海：珠海出版社，2006．

［31］董明珠．没有人才，一切归零；没有道德，人才归零［J］．企业观察家，2019（2）：104－106．

［32］董明珠．企业家要有担当［J］．现代企业文化，2018（19）：50－51．

［33］段德忠，杜德斌，桂钦昌，等．中国企业家成长路径的地理学研究［J］．人文地理，2018，33（4）：102－112．

［34］方安静，郝瑾，刘洋．让员工由执行者变创业者：张瑞敏的人才激励观［J］．中国人力资源开发，2015（14）：94－100．

［35］方振邦，徐东华．管理思想史［M］．北京：中国人民大学出版社，2014．

［36］冯大力．探析毛泽东思想中的团队管理理论［J］．毛泽东思想研究，2014，31（1）：42－45．

［37］葛谦．管理思想的特性及其形成的环境因素［J］．外国经济与管理，1989（7）：6－8．

［38］巩见刚，卫玉涛，高旭艳．群众路线的管理学内涵以及在管理思想史上的地位研究［J］．管理学报，2019，16（2）：184－192．

［39］谷迎春．"儒商现象"析［J］．社会学研究，1995（4）：13－18．

［40］顾江霞，王平．当代中国企业家研究述评［J］．江西社会科学，2000（12）：94－97．

［41］顾倩妮，张强．"技术派"企业家王传福［J］．企业管理，

2018（9）：42－44.

[42] 顾文涛，李东红，王以华. 中国传统管理思想的逻辑层次 [J]. 经济管理，2008，30（7）：6－9.

[43] 郭江滨，吴新颖. 老子柔性管理思想的架构智慧与驱动活力 [J]. 江苏社会科学，2019（4）：122－127.

[44] 郭燕青，王洋. 中国企业家精神时空演化及驱动因素分析 [J]. 科技进步与对策，2019，36（13）：21－30.

[45] 何金露，王利平. 儒家文化与西方管理思想的融合："君子"企业的构建 [J]. 当代经济管理，2019，41（2）：38－43.

[46] 洪应明. 菜根谭 [M]. 北京：中华书局，2020.

[47] 侯锡林. 中国企业家成长与激励约束机制研究 [D]. 武汉：华中科技大学，2004.

[48] 胡国栋，李苗. 张瑞敏的水式管理哲学及其理论体系 [J]. 外国经济与管理，2019，41（3）：25－37，69.

[49] 霍英东. 时局的生意：霍英东自述 [M]. 冷夏，执笔. 南京：凤凰出版社，2013.

[50] 霍英东. 我的参与：改革开放二十年 [M]. 2版. 香港：霍英东基金会，2003.

[51] 贾春峰. 序一 [M] // 常桦. 中国当代企业家管理思想述评. 北京：纺织工业出版社，2004：1－2.

[52] 贾旭东，何光远，陈佳莉，等. 基于"扎根精神"的管理创新与国际化路径研究 [J]. 管理学报，2018，15（1）：11－19.

[53] 贾旭东，衡量. 基于"扎根精神"的中国本土管理理论构建范式初探 [J]. 管理学报，2016，13（3）：336－346.

[54] 贾旭东，谭新辉. 经典扎根理论及其精神对中国管理研究的现实价值 [J]. 管理学报，2010，7（5）：656－665.

[55] 贾旭东. 基于扎根理论的中国民营企业创业团队分裂研究 [J]. 管理学报，2013，10（7）：949－959.

[56] 贾旭东. 中国城市基层政府公共服务职能的不完全外包及其动因——基于扎根理论的研究发现 [J]. 管理学报，2011，8

（12）：1762 – 1771.

［57］贾永轩．中国企业家功夫［M］．北京：企业管理出版社，2005.

［58］晋珀，刘轩华，李慧文．中国企业家百年档案：1912—2012［M］．北京：企业管理出版社，2012.

［59］咔嚓院长．华为方法论：任正非思想完整呈现（上册）［M］．厦门：蓝血研究院，2017a.

［60］咔嚓院长．华为方法论：任正非思想完整呈现（下册）［M］．厦门：蓝血研究院，2017c.

［61］咔嚓院长．华为方法论：任正非思想完整呈现（中册）［M］．厦门：蓝血研究院，2017b.

［62］克雷纳．管理百年：20 世纪管理思想与实践的批评性回顾［M］．邱琼，译．海口：海南出版社，2003.

［63］雷恩，贝德安．管理思想史［M］．6 版．孙健敏，黄小勇，李原，译．北京：中国人民大学出版社，2011.

［64］雷军．拉仇恨的"小米模式"［J］．经贸实践，2017（2）：27 – 29.

［65］冷晓彦．企业隐性知识管理国内外研究述评［J］．情报科学，2006，24（6）：944 – 948.

［66］黎晓丹，顾文静，谭腾飞．隐性知识的具身机制、转化与管理［J］．心理学探新，2020，40（6）：503 – 509.

［67］李丙军，冉伦．企业家管理思想与经营思想的相互作用关系研究——以娃哈哈宗庆后企业家思想为例［J］．中国人力资源开发，2016（20）：99 – 104.

［68］李丙军．李彦宏的企业家思想与百度的人力资源管理体系研究［J］．中国人力资源开发，2016（24）：88 – 93.

［69］李光．浅析中国企业管理思想创新［J］．经济问题，2005（11）：44 – 46.

［70］李剑力．改革开放 40 年中国企业家时代变迁与经济转型［J］．学习论坛，2018（12）：14 – 18.

[71] 李兰，仲为国，彭泗清，等．当代企业家精神：特征，影响因素与对策建议——2019 中国企业家成长与发展专题调查报告 [J]．南开管理评论，2019，22（5）：4－12.

[72] 李书福．敢为人先的首创精神是浙商的根 [J]．今日浙江，2017（23）：28.

[73] 李书福．李书福的 40 年回望：我是如何让牛满意登上牛背的 [J]．中国商人，2019（7）：84－89.

[74] 李书福．做人之道 [M]．北京：中国经济出版社，2010.

[75] 李书领，柳云．企业转型过程中企业家思想的作用途径研究——基于苏宁互联网零售转型的案例分析 [J]．中国人力资源开发，2016（16）：99－104.

[76] 李维安，赵伟，柳茂平．"百名企业家的思考"系列——访三九集团总裁赵新先 [J]．南开管理评论，2000（1）：28－32.

[77] 李新春，王珺，丘海雄，等．企业家精神，企业家能力与企业成长——"企业家理论与企业成长国际研讨会"综述 [J]．经济研究，2002（1）：89－92.

[78] 李燕莲，顾振江，吕文静，等．马化腾的个人特质与核心管理思想体系研究 [J]．中国人力资源开发，2016（22）：97－103.

[79] 李志军，尚增健．亟须纠正学术研究和论文写作中的"数学化""模型化"等不良倾向 [J]．管理世界，2020，36（4）：5－6.

[80] 梁伯强．不同阶段"赚钱"的比重不一样 [J]．南方企业家，2012（7）：51.

[81] 梁伯强．非常小器的魔法辞典 [M]．广州：广东人民出版社，2008.

[82] 梁伯强．兼顾所有利益参与者 [J]．销售与市场（管理版），2014（6）：27.

[83] 廖国民．监管松驰、过度创新与资产泡沫——对美国金融危机的一个分析逻辑 [J]．国际经贸探索，2009，25（8）：42－46.

[84] 刘刚，程熙鎔．任正非的企业家精神与经营管理思想体系

研究 [J]. 中国人力资源开发, 2015 (12): 106 - 111.

[85] 刘强东. 第四次零售革命将把人类带入智能商业时代 [J]. 商业文化, 2019 (4): 62 - 69.

[86] 刘强东. 刘强东: 我人生的三个重要选择是如何做的 [J]. 中国企业家, 2018 (13): 18 - 19.

[87] 刘强东. 刘强东自述: 我的经营模式 [M]. 北京: 中信出版集团股份有限公司, 2016.

[88] 刘朔, 蓝海林, 柯南楠. 转型期后发企业核心能力构建研究——格力电器朱江洪的管理之道 [J]. 管理学报, 2019, 16 (9): 1265 - 1278.

[89] 刘晓敏. 隐性知识获取、机会能力与创业绩效 [J]. 科技管理研究, 2017, 37 (20): 117 - 123.

[90] 刘艺戈. 基于企业家思想的企业战略与人力资源管理协同作用研究——以腾讯公司为例 [J]. 中国人力资源开发, 2016 (18): 92 - 98.

[91] 刘祯, 陈春花, 徐梅鑫. 和而不同: 管理学者争鸣与反思的价值贡献 [J]. 管理学报, 2014, 11 (9): 1294 - 1301.

[92] 刘志阳. 改革开放四十年企业家精神的演进 [J]. 人民论坛, 2018 (35): 24 - 25.

[93] 柳传志. 领导班子如何建? 柳传志这样说 [J]. 印刷经理人, 2018b (7): 10 - 11.

[94] 柳传志. 柳传志: CEO 不要自己堵在枪口上 [J]. 销售与市场 (管理版), 2018a (4): 12 - 14.

[95] 柳传志. 柳传志口述: 我的管理哲学 [M]. 元轶, 编写. 深圳: 海天出版社, 2014.

[96] 柳传志. 怎样当一个好总裁 [M] //刘永好等. 总裁的智慧: 中国顶尖企业家演讲录. 北京: 中央编译出版社, 2002: 34 - 45.

[97] 鲁冠球. 靠诚实守信提升企业的价值 [J]. 企业管理, 2001 (10): 49 - 50.

[98] 鲁冠球. 鲁冠球集 [M]. 王安琪, 主编. 北京: 人民出版

社，1999.

[99] 鲁冠球. 企业家要自我管理，无为而治 [J]. 中国中小企业，2012（6）：50－51.

[100] 罗仕国. 当代管理思想中的类中国古代哲学功夫——以彼得·圣吉和松下幸之助为例 [J]. 领导科学，2014（2）：43－46.

[101] 罗素. 人类的知识：其范围与限度 [M]. 张金言，译. 北京：商务印书馆，2010.

[102] 罗卫东. 企业家创新精神与浙江经济发展 [J]. 浙江社会科学，2000（2）：14－16.

[103] 马一. 股权稀释过程中公司控制权保持：法律途径与边界：以双层股权结构和马云"中国合伙人制"为研究对象 [J]. 中外法学，2014，26（3）：714－729.

[104] 马云. 今天是科学家和企业家的最好时代 [J]. 中国经济信息，2018a（12）：76－77.

[105] 马云. 开除永远成功的人 [J]. 商界，2018（1）：94－96.

[106] 马云. 马云：企业家的灵魂就是企业家精神 [J]. 企业文化，2019（2）：6.

[107] 阿里巴巴集团. 马云：未来已来——阿里巴巴的商业逻辑和纵深布局 [M]. 北京：红旗出版社，2017.

[108] 毛基业，苏芳. 质性研究的科学哲学基础与若干常见缺陷——中国企业管理案例与质性研究论坛（2018）综述 [J]. 管理世界，2019，35（2）：115－120，199.

[109] 茅理翔. 百年传承：探索中国特色现代家族企业传承之道 [M]. 杭州：浙江人民出版社，2013.

[110] 茅理翔. 传承的过程就是创新转型的过程 [J]. 家族企业，2015（6）：66.

[111] 茅理翔. 家业长青：构建中国特色现代家族制管理模式 [M]. 杭州：浙江人民出版社，2008.

[112] 倪义芳，吴晓波. 论企业战略管理思想的演变 [J]. 经济管理，2001（6）：4－11.

［113］宁高宁．宁高宁：提升企业自身发展能力［J］．国企管理，2020（19）：56．

［114］诺德．翻译的文本分析模式：理论、方法及教学应用［M］．李明栋，译．厦门：厦门大学出版社，2013．

［115］欧绍华．论近代中国民族企业战略管理思想及其实践［J］．中国流通经济，2013，27（4）：67－71．

［116］彭贺，苏宗伟．东方管理学的创建与发展：渊源、精髓与框架［J］．管理学报，2006，3（1）：12－18．

［117］秦晨晓．杨斌：管理是国家发展的源动力——日本管理思想史对中国的启示［J］．中国人力资源开发，2013（6）：56－67．

［118］全国企业管理现代化创新成果审定委员会．关于组织申报第二十七届全国企业管理现代化创新成果的通知［EB/OL］．（2020－03－30）［2021－01－25］．http：//cec1979. org. cn/glcxnew/view. php? id＝237．

［119］任兵．引言［M］//徐淑英，任兵，吕力．管理理论构建论文集．北京：北京大学出版社，2016：1－27．

［120］任正非．发挥核心团队作用，不断提高人均效益——任正非在华为研委会会议、市场三季度例会上的讲话［M］//咔嚓院长．华为方法论：任正非思想完整呈现（上册）．厦门：蓝血研究院，2017d：313－323．

［121］任正非．华为公司的核心价值观——任正非在"广东学习论坛"第十六期报告会上的讲话［M］//咔嚓院长．华为方法论：任正非思想完整呈现（上册）．厦门：蓝血研究院，2017a：335－349．

［122］任正非．看莫斯科保卫战有感——任正非在埃及代表处的讲话纪要［M］//咔嚓院长．华为方法论：任正非思想完整呈现（中册）．厦门：蓝血研究院，2017c：4－6．

［123］任正非．团结起来接受挑战，客服自我溶入大我——任正非在优秀员工报告会上的讲话［M］//咔嚓院长．华为方法论：任正非思想完整呈现（上册）．厦门：蓝血研究院，2017b：95－99．

［124］任正非．为什么我们今天还要向"蓝血十杰"学习——任

正非在"蓝血十杰"表彰会上的讲话［M］//咔嚓院长．华为方法论：任正非思想完整呈现（中册）．厦门：蓝血研究院，2017f：396 – 407．

［125］任正非．英国媒体会谈纪要［M］//咔嚓院长．华为方法论：任正非思想完整呈现（中册）．厦门：蓝血研究院，2017e：372 – 377．

［126］萨伊．政治经济学概论［M］．北京：商务印书馆，1963．

［127］邵培仁，姚锦云．从思想到理论：论本土传播理论建构的可能性路径［J］．浙江社会科学，2016（1）：99 – 109．

［128］圣吉，等．第五项修炼：终身学习者［M］．张成林，译．北京：中信出版社，2018．

［129］圣吉．2017年第五项修炼系列中文版序［M］//圣吉，等．第五项修炼：终身学习者［M］．张成林，译．北京：中信出版社，2018．

［130］师帅．《史记》中的经济管理思想研究——评《史记中的管理大道》［J］．广东财经大学学报，2019，34（3）：115．

［131］石易．王传福创新型企业家思想体系与比亚迪的发展研究［J］．中国人力资源开发，2016（14）：94 – 100．

［132］史密斯，希特．第26章结语：向大师们学习如何开发理论［M］//史密斯，希特．管理学中的伟大思想：经典理论的开发历程．北京：北京大学出版社，2016b：452 – 464．

［133］史密斯，希特．管理学中的伟大思想：经典理论的开发历程［M］．徐飞，路琳，苏依依，译．北京：北京大学出版社，2016a．

［134］舒尔茨．顶尖管理思想：全球最伟大管理者的14种管理思想［M］．赵丁，编译．北京：地震出版社，2002．

［135］司马光．资治通鉴［M］．刘瀚超，编译．沈阳：万卷出版公司，2020．

［136］宋志平．笃行致远［M］．北京：中信出版集团股份有限公司，2017a．

［137］宋志平．经营方略［M］．北京：中信出版社，2016．

［138］宋志平．企业的格局与能力［J］．企业管理，2017b（10）：28－31．

［139］苏敬勤，林海芬．管理者社会网络、知识获取与管理创新引进水平［J］．研究与发展管理，2011（6）：25－34．

［140］苏敬勤，张雁鸣，林菁菁．文化双融视角下中国本土企业管理创新机制——华立集团的案例研究［J］．经济管理，2018，40（1）：56－70．

［141］苏新宁，等．组织的知识管理［M］．北京：国防工业出版社，2004．

［142］苏勇．改变世界：中国杰出企业家管理思想精粹［M］．北京：企业管理出版社，2016．

［143］苏勇．改变世界：中国杰出企业家管理思想精粹．五［M］．北京：企业管理出版社，2020．

［144］苏宗伟，苏东水，孟勇．中国管理模式创新研究——第十六届世界暨东方管理论坛综述［J］．经济管理，2013（7）：192－199．

［145］孙聚友．论儒家的管理哲学［J］．孔子研究，2003（4）：25－30．

［146］孙黎，朱蓉，张玉利．企业家精神：基于制度和历史的比较视角［J］．外国经济与管理，2019，41（9）：3－16．

［147］孙武．孙子兵法［M］．刘庆，译注．西安：三秦出版社，2020．

［148］谭劲松．关于中国管理学科定位的讨论［J］．管理世界，2006（2）：71－79．

［149］田志龙，钟文峰．企业家讲话中如何清楚表达"为何做"？——华为任正非基于利益相关者要素的意义沟通及其话语逻辑分析［J］．管理学报，2019，16（10）：1423－1434．

［150］田志龙．如何解读中国企业家管理思想：几点思考与建议［J］．管理学报，2018，15（8）：1107－1109．

［151］童书业．孔子思想研究［J］．山东大学学报（历史版），

1960（1）：85 – 107.

[152] 屠兴勇，杨百寅．"知识整体理论"及其在管理领域中的应用 [J]．清华大学学报（哲学社会科学版），2011，26（6）：125 – 135，159.

[153] 王大刚，席酉民，周云杰．海尔全球化品牌战略：人单合一 [J]．科学学与科学技术管理，2006，27（10）：142 – 146.

[154] 王健林．万达哲学：王健林首次自述经营之道 [M]．北京：中信出版社，2015.

[155] 王健林．万达走过的"坑"，请绕行 [J]．中国房地产，2019（8）：47 – 52.

[156] 王健林．王健林：企业家精神的三大核心 [J]．南方企业家，2017（10）：28 – 31.

[157] 王进富，黄涛，张颖颖．创业警觉、资源拼凑对破坏性创新的影响——公司创业情境单案例扎根研究 [J]．科技进步与对策，2020，37（14）：102 – 109.

[158] 王利平．中国人的管理世界：中国式管理的传统与现实 [M]．北京：中国人民大学出版社，2010.

[159] 王俐娴．从次贷危机认识金融过度创新的风险 [J]．思想战线，2009，35（S1）：52 – 54.

[160] 王明珂．反思史学与史学反思：文本与表征分析 [M]．上海：上海人民出版社，2016.

[161] 王永庆．商智：中国经营之神王永庆讲演录 [M]．北京：社会科学文献出版社，2003.

[162] 王永庆．生根·深耕 [M]．北京：新华出版社，2001.

[163] 王永庆．王永庆谈经营管理·经营理念·管理哲学·工业发展 [M]．北京：现代出版社，1992.

[164] 王云，万彤彤．雷军的企业家思想与小米的经营哲学体系研究 [J]．中国人力资源开发，2016（10）：102 – 107.

[165] 魏江，刘洋．李书福：守正出奇 [M]．北京：机械工业出版社，2020.

[166] 吴刚. 工作场所中基于项目行动学习的理论模型研究：扎根理论方法的应用 [D]. 上海：华东师范大学，2013.

[167] 吴光琛. 中国企业黑洞：62 个中国企业现实问题的透视与诊断 [M]. 北京：企业管理出版社，2002.

[168] 吴继霞，何雯静. 扎根理论的方法论意涵、建构与融合 [J]. 苏州大学学报（教育科学版），2019，7（1）：35 - 49.

[169] 吴炯，张引. 中国企业家精神内涵研究——以企业家鲁冠球为例 [J]. 管理案例研究与评论，2019，12（3）：259 - 272.

[170] 吴仁宝. 吴仁宝文集 [M]. 北京：新华出版社，2011.

[171] 吴肃然，李名荟. 扎根理论的历史与逻辑 [J]. 社会学研究，2020，35（2）：75 - 98，243.

[172] 吴晓波. 从李书福的经历看一个中国企业家的进化 [J]. 资源再生，2017a，（11）：50 - 51.

[173] 吴晓波. 激荡三十年：中国企业 1978—2008 [M]. 北京：中信出版社，2012.

[174] 吴晓波. 激荡十年，水大鱼大：中国企业 2008—2018 [M]. 北京：中信出版集团股份有限公司，2017b.

[175] 吴照云，李晶. 中国古代管理思想的形成轨迹和发展路径 [J]. 经济管理，2012（7）：184 - 192.

[176] 武亚军，李兰，彭泗清，等. 中国企业战略：现状、问题及建议——2010 年中国企业经营者成长与发展专题调查报告 [J]. 管理世界，2010（6）：83 - 97.

[177] 希特，史密斯. 第 1 章前言：管理理论的诞生过程 [M] //史密斯，希特. 管理学中的伟大思想：经典理论的开发历程. 北京：北京大学出版社，2016：452 - 464.

[178] 习近平.（受权发布）习近平：在企业家座谈会上的讲话 [EB/OL].（2020 - 07 - 21）[2021 - 01 - 25]. http：//www. xinhuanet. com/2020 - 07/21/c_ 1126267575. htm.

[179] 夏德，程国平. 隐性知识的产生、识别与传播 [J]. 华东经济管理，2003（6）：47 - 49.

［180］肖冬平．论个人知识的获取与社会大分工［J］．现代情报，2013，33（4）：17-21.

［181］谢菊兰，马彩琴．古代管理思想对现代企业管理的意义［J］．兰州学刊，2005（6）：130-131.

［182］辛杰，李波．中国企业家的信仰：探索性研究与群体解构［J］．商业经济与管理，2018（2）：46-54.

［183］星云大师，刘长乐．包容的智慧：传媒大亨与佛教宗师的对话［M］．武汉：湖北人民出版社，2008.

［184］星云大师，刘长乐．包容的智慧3：诚信的力量［M］．北京：民主与建设出版社，2015.

［185］星云大师，刘长乐．包容的智慧Ⅱ：修好这颗心［M］．南京：江苏文艺出版社，2010.

［186］邢岩．论中国传统文化对当代企业经营的重要影响——以李嘉诚经营理念为例［J］．企业经济，2015（1）：63-66.

［187］约瑟夫·熊彼特．经济发展理论：对于利润、资本、信贷、利息和经济周期的考察［M］．何畏，等，译．北京：商务印书馆，1990.

［188］熊焰韧，黄志忠，张娟．股权分散导致企业过度创新投资：成因及来自创业板民营上市公司的证据［J］．当代会计评论，2018，11（1）：61-79.

［189］徐国利．中国古代儒商发展历程和传统儒商文化新探［J］．齐鲁学刊，2020（2）：5-13.

［190］徐淑英，任兵，吕力．管理理论构建论文集［M］．北京：北京大学出版社，2016.

［191］徐淑英，张志学．管理问题与理论建立：开展中国本土管理研究的策略［J］．南大商学评论，2005（4）：1-18.

［192］徐希燕．中国管理哲学研究——从中国哲学的视角研究管理学［J］．经济管理，2004（20）：18-23.

［193］徐州徐工随车起重机有限公司．专用车制造企业基于资源共享的"双品牌双渠道"管理［J］．江苏企业管理，2017（12）：

12 – 15.

[194] 杨必仪，晔枫．管理思想批评史：从外部性结构缺失看西方管理学理论短板［M］．太原：山西经济出版社，2014．

[195] 杨杜，等．管理学研究方法［M］．3 版．大连：东北财经大学出版社，2018．

[196] 杨杜，邓增永．创新之"过"［J］．企业管理，2005（3）：11 – 12.

[197] 杨杜，高蕊，关一．让企业充满奋斗者：以奋斗者为本的华为文化体系研究［J］．中国人力资源开发，2015（12）：92 – 99.

[198] 杨杜．成长的逻辑：杨杜管理思想精粹［M］．北京：经济管理出版社，2014．

[199] 杨杜．论企业创新的五大陷阱［J］．经济理论与经济管理，2007（2）：65 – 67.

[200] 杨杜．中国企业家之"道"［J］．东方企业文化，2011（7）：44 – 47.

[201] 杨万东．我国企业家问题讨论综述［J］．经济理论与经济管理，2004（11）：76 – 80.

[202] 杨志勇，张朋朋，刘凯．人力资源管理的新视野——基于中国传统管理思想与员工层次匹配的逻辑视角［J］．现代管理科学，2018（12）：109 – 111.

[203] 姚凯，李宏．企业家工作性质的国际比较研究综述［J］．经济理论与经济管理，2008（9）：41 – 46.

[204] 野中郁次郎，纻野登．创造知识的方法论［M］．马奈，译．北京：人民邮电出版社，2019．

[205] 尹胜．"鞍钢宪法"的产生及其蕴含的毛泽东社会主义政治经济学思想［J］．现代哲学，2020（6）：60 – 66.

[206] 余菁．企业家精神的涌现：40 年的中国实践历程回顾与未来展望［J］．经济体制改革，2018（4）：12 – 19.

[207] 张安淇．基于制度和文化双元途径的员工管理模式——万达集团王健林企业家思想研究［J］．中国人力资源开发，2016（18）：

99 – 104.

[208] 张岱年，程宜山．中国文化精神 [M]．北京：北京大学出版社，2015.

[209] 张岱年．中国哲学大纲 [M]．北京：商务印书馆，2015.

[210] 张东，王惠临．知识创新研究与现代知识理论建构 [J]．情报理论与实践，2010 (12)：16 – 20.

[211] 张东荪．认识论 [M]．北京：商务印书馆，2011.

[212] 张继德，胡月．新常态下企业财务管理创新动因、初始条件与策略研究 [J]．会计研究，2016 (8)：58 – 63.

[213] 张军．从民生指标国际比较看全面建成小康社会成就 [N]．人民日报，2020 – 08 – 07 (10).

[214] 张娜娜，谢伟．中国企业管理创新演化及其与环境的关系 [J]．科技进步与对策，2016，33 (10)：54 – 58.

[215] 张瑞敏．海尔：人单合一对接物联网 [J]．企业管理，2017b (12)：11 – 13.

[216] 张瑞敏．海尔何以真诚到永远——张瑞敏解读中国企业壮大的思路与出路 [J]．财经界，2000 (8)：13 – 16.

[217] 张瑞敏．海尔是海：张瑞敏随笔选录 [M]．北京：机械工业出版社，2015.

[218] 张瑞敏．企业家论坛：实体经济振兴的机遇、挑战与实践——中国企业如何从模仿学习到引领创新？[J]．企业管理，2017a (6)：10 – 11.

[219] 张瑞敏．张瑞敏谈商录：中国第一 CEO 之终极管理哲学 [M]．哈尔滨：哈尔滨出版社，2005.

[220] 张屹山，王大明．互联网金融过度创新风险的随机监管研究 [J]．经济纵横，2017 (7)：100 – 105.

[221] 张玉利，谢巍．改革开放、创业与企业家精神 [J]．南开管理评论，2018，21 (5)：4 – 9.

[222] 赵付春，于保平．季克良：酒魂匠心 [M]．北京：企业管理出版社，2019.

［223］赵文红，李垣．企业家成长理论综述［J］．经济学动态，2002（11）：70－75.

［224］郑慧．国企改革中富余人员的分流安置——以攀钢集团职工分流为例［J］．行政管理改革，2017（6）：41－47.

［225］智荣．马云四大思维方式［J］．企业管理，2020（4）：49－51.

［226］中国社会科学院语言研究所词典编辑室．现代汉语词典［M］．5版．北京：商务印书馆，2005.

［227］仲为国，李兰，路江涌，等．中国企业创新动向指数：创新的环境、战略与未来——2017·中国企业家成长与发展专题调查报告［J］．管理世界，2017（6）：37－50.

［228］仲为国，李兰，路江涌，等．企业进入创新活跃期：来自中国企业创新动向指数的报告——2016·中国企业家成长与发展专题调查报告［J］．管理世界，2016（6）：67－78.

［229］周冬梅，陈雪琳，杨俊，等．创业研究回顾与展望［J］．管理世界，2020（1）：206－225，XV.

［230］周静，刘昱锜．基于执行力导向的企业家思想与管理模式探究——以恒大集团许家印为例［J］．中国人力资源开发，2016（20）：94－98，104.

［231］周可真．略论中国古典管理学的基本特征［J］．苏州大学学报（哲学社会科学版），2005（2）：5－8.

［232］周宽久，仇鹏，王磊．基于实践论的隐性知识获取模型研究［J］．管理学报，2009，6（3）：309－314.

［233］周文辉．知识服务、价值共创与创新绩效——基于扎根理论的多案例研究［J］．科学学研究，2015，33（4）：567－573，626.

［234］周晓亮．西方近代认识论论纲：理性主义与经验主义［J］．哲学研究，2003（10）：48－53，97.

［235］周阳敏，高友才．回归式产业转移与企业家成长："小温州"固始当代商人崛起实证研究［J］．中国工业经济，2011（5）：139－148.

［236］朱江洪. 朱江洪自传：我执掌格力的 24 年（1988—2012）［M］. 北京：企业管理出版社，2017.

［237］朱江洪. 做企业就是在修行［J］. 南方企业家，2017b（2）：118 – 125.

［238］朱燕. 现代知识分类思想下的学习迁移理论述评［J］. 心理科学，1999，22（3）：229 – 232.

［239］朱叶楠. 墨子的组织管理思想及其得失［J］. 领导科学，2017（5）：39 – 42.

［240］子思. 中庸［M］. 王俊，编校. 北京：中国商业出版社，2020.

［241］ARGYRIS C. Single-loop and double-loop models in research on decision making［J］. Administrative Science Quarterly，1976，21（3）：363 – 375.

［242］ARGYRIS C. Teaching smart people how to learn［J］. Harvard Business Review，1991，69（3）：99 – 109.

［243］ASHKANASY N M. Editor's comments：Internationalizing theory—How "fusion theory" emanates from down under［J］. Academy of Management Review，2013，38（1）：1 – 5.

［244］AUTIO E，KENNEY M，MUSTAR P，SIEGEL D，WRIGHT M. Entrepreneurial innovation：The importance of context［J］. Research Policy，2014，43（7）：1097 – 1108.

［245］BALDÉ M，FERREIRA A I，MAYNARD T. SECI driven creativity：The role of team trust and intrinsic motivation［J］. Journal of Knowledge Management，2018，22（8）：1688 – 1711.

［246］BATJARGAL B. The difference between Chinese and Russian entrepreneurs［J］. Harvard business review，2008，86（10）：32.

［247］BLACKMAN C. Negotiating China：Case studies and strategies［M］. St. Leonards，NSW，Australia：Allen & Unwin，1997.

［248］BOŽIČ，SIEBERT S，MARTIN G. A grounded theory study of factors and conditions associated with customer trust recovery in a retailer

[J]. Journal of Business Research, 2020, 109: 440 – 448.

[249] BYRON K, THATCHER S M B. Editors' comments: "What I know now that I wish I knew then" ——Teaching theory and theory building [J]. Academy of Management Review, 2016, 41 (1): 1 – 8.

[250] CHAN S. Migration, cultural identity and assimilation effects on entrepreneurship for the overseas Chinese in Britain [J]. Asia Pacific Business Review, 1997, 3 (4): 211 – 222.

[251] CHARMAZ K. Constructing grounded theory: A practical guide through qualitative analysis [M]. London: Sage Publications, 2006.

[252] CHILD J. British management thought as a case study within the sociology of knowledge [J]. The Sociological Review, 1968, 16 (2): 217 – 239.

[253] CHOY W. Biographical Dictionary of New Chinese Entrepreneurs and Business Leaders [J]. Chinese Management Studies, 2011, 5 (1): 121 – 123.

[254] CONLON C, TIMONEN V, ELLIOTT – O' DARE C, O' KEEFFE S, FOLEY G. Confused about theoretical sampling? Engaging theoretical sampling in diverse grounded theory studies [J]. Qualitative Health Research, 2020, 30 (6): 947 – 959.

[255] CORBIN J M, STRAUSS A L. Basics of qualitative research: Techniques and procedures for developing grounded theory [M]. 3rd ed. Thousand Oaks, Calif. : Sage Publications, 2008.

[256] DIAO H, GHORBANI M. Production risk caused by human factors: A multiple case study of thermal power plants [J]. Frontiers of Business Research in China, 2018, 12 (3): 296 – 322.

[257] DJANKOV S, QIAN Y, ROLAND G, ZHURAVSKAYA E. Who are China's entrepreneurs? [J]. American Economic Review, 2006, 96 (2): 348 – 352.

[258] DONALD K M, REZANIA D, BAKER R. A grounded theory examination of project managers' accountability [J]. International Journal

of Project Management, 2020, 38 (1): 27 –35.

[259] DRUCKER P F. Innovation and entrepreneurship: Practice and principles [M]. New York: Harper Business, 1993.

[260] EISENHARDT K M. Building theories from case study research [J]. Academy of Management Review, 1989, 14 (4): 532 –550.

[261] EKINCI Y, GORDON – WILSON S, SLADE A. An exploration of entrepreneurs' identities and business growth [J]. Business Horizons, 2020, 63 (3): 391 –401.

[262] FOX A. China: Land of opportunity and challenge [J]. HR Magazine, 2007, 52 (9): 38 –44.

[263] FRASE M. The road to (inland) China [J]. HR Magazine, 2007, 52 (2): 70 –78.

[264] GARTNER W B. Who is an entrepreneur? Is the wrong question [J]. American Journal of Small Business, 1988, 12 (4): 11 –32.

[265] GODFREY P C, HASSARD J, O'CONNOR E S, ROWLINSON M, RUEF M. What is organizational history? Toward a creative synthesis of history and organization studies [J]. Academy of Management Review, 2016, 41 (4): 590 –608.

[266] GLASER B G, STRAUSS A L. The discovery of grounded theory: Strategies for qualitative research [M]. New York: Aldine de Gruyter, 1967.

[267] GLASER B G. Basics of grounded theory analysis [M]. Mill Valley, Calif. : Sociology Press, 1992.

[268] GLASER B G. Doing grounded theory: Issues and discussions [M]. Mill Valley, Calif. : Sociology Press, 1998.

[269] GLASER B G. The grounded theory perspective: Conceptualization contrasted with description [M]. Mill Valley, Calif. : Sociology Press, 2001.

[270] GLASER B G. Theoretical sensitivity: Advances in the methodology of grounded theory [M]. Mill Valley, Calif. : Sociology Press,

1978.

[271] GROVER V, DAVENPORT T H. General perspectives on knowledge management: Fostering a research agenda [J]. Journal of Management Information Systems, 2001, 18 (1): 5 – 21.

[272] HALE R L, PHILLIPS C A. Mentoring up: A grounded theory of nurse – to – nurse mentoring [J]. Journal of Clinical Nursing, 2019, 28 (1 – 2): 159 – 172.

[273] HAMMERSLEY M, ATKINSON P. Ethnography: Principles in practice [M]. 2nd ed. Abingdon: Routledge, 2006.

[274] HISRICH R D, GRACHEV M V. The Russian entrepreneur [J]. Journal of Business Venturing, 1993, 8 (6): 487 – 497.

[275] HOLT D H. A comparative study of values among Chinese and U. S. entrepreneurs: Pragmatic convergence between contrasting cultures [J]. Journal of Business Venturing, 1997, 12 (6): 483 – 505.

[276] ISAACSONW. Steve Jobs [M]. New York: Simon & Schuster, 2011.

[277] JOHNS G. The essential impact of context on organizational behavior [J]. Academy of Management Review, 2006, 31 (2): 386 – 408.

[278] JOULLIÉ J E. The philosophical foundations of management thought [J]. Academy of Management Learning & Education, 2016, 15 (1): 157 – 179.

[279] KAMOCHE K, SIEBERS L Q. Chinese management practices in Kenya: Toward a post-colonial critique [J]. International Journal of Human Resource Management, 2015, 26 (21): 2718 – 2743.

[280] KILDUFF M, MEHRA A, DUNN M B. From blue sky research to problem solving: A philosophy of science theory of new knowledge production [J]. Academy of Management Review, 2011, 36 (2): 297 – 317.

[281] KNIGHT P. Shoe dog: A memoir by the creator of Nike

[M]. New York: Scribner, 2016.

[282] LAMONT P. The construction of "critical thinking": Between how we think and what we believe [J]. History of Psychology, 2020, 23 (3): 232 – 251.

[283] LI H, NAURIGHT J. Wang Jianlin and Chinese investment in global sport [J]. Sport in Society, 2020, 23 (9): 1560 –1569.

[284] LI P P, LEUNG K, CHEN C C, LUO J D. Indigenous research on Chinese management: What and how [J]. Management and Organization Review, 2012, 8 (1): 7 –24.

[285] LIEBERTHAL K, LIEBERTHAL G. The great transition [J]. Harvard Business Review, 2003, 81 (10): 70 –81.

[286] LÓPEZ-NÚÑEZ M I, RUBIO-VALDEHITA S, APARICIO-GARCÍA M E, DÍAZ-RAMIRO E M. Are entrepreneurs born or made? The influence of personality [J]. Personality & Individual Differences, 2020, 154: 109699.

[287] LUBIT R. The keys to sustainable competitive advantagetacit knowledge and knowledge management [J]. Organizational Dynamics, 2001, 29 (3): 164 –178.

[288] MARRINERA. Development of management thought [J]. Journal of Nursing Administration, 1979, 9 (9): 21 –31.

[289] MASLOW A H. A theory of human motivation [J]. Psychological Review, 1943, 50 (4): 370 – 396.

[290] MAS-TUR A, PINAZO P, TUR-PORCAR A M, SÁNCHEZ-MASFERRER M. What to avoid to succeed as an entrepreneur [J]. Journal of Business Research, 2015, 68 (11): 2279 –2284.

[291] MCGREGOR D M. The human side of enterprise [J]. The Management Review, 1957, 46 (11): 22 –28.

[292] MEYER J W, ROWAN B. Institutional organizations: Formal structure as myth and ceremony [J]. American Journal of Sociology, 1977, 83 (2): 340 –363.

[293] MITCHELL R K, SMITH J B, MORSE E A, SEAWRIGHT K W, PEREDO A M, MCKENZIE B. Are entrepreneurial cognitions universal? Assessing entrepreneurial cognitions across cultures [J]. Entrepreneurship Theory & Practice, 2002, 26 (4): 9 – 32.

[294] MULLINS J. The counter-conventional mindsets of entrepreneurs [J]. Business Horizons, 2017, 60 (5): 597 – 601.

[295] NOH J B, LEE K C, KIM J K, LEE J K, KIM S H. A case-based reasoning approach to cognitive map-driven tacit knowledge management [J]. Expert Systems with Applications, 2000, 19 (4): 249 – 259.

[296] NONAKA I. Adynamic theory of organizational knowledge creation [J]. Organization Science, 1994, 5 (1): 14 – 37.

[297] NONAKA I, TAKEUCHI H. The knowledge-creating company: How Japanese companies create the dynamics of innovation [M]. New York: Oxford University Press, 1995.

[298] NONAKAI. The knowledge-creating company [J]. Harvard Business Review, 1991, 69 (6): 96 – 104.

[299] OBSCHONKA M, ZHOU M, ZHOU Y, ZHANG J, SILBEREISEN R K. "Confucian" traits, entrepreneurial personality, and entrepreneurship in China: A regional analysis [J]. Small Business Economics, 2019, 53 (4): 961 – 979.

[300] OFORI-DANKWA J, JULIAN S D. From thought to theory to school: The role of contextual factors in the evolution of schools of management thought [J]. Organization Studies, 2005, 26 (9): 1307 – 1329.

[301] ONIONSC T. The shorter Oxford English dictionary on historical principles [M]. 3rd ed. Oxford: Clarendon Press, 1978.

[302] OVERMAN S. Recruiting in China [J]. HR Magazine, 2001, 46 (3): 86.

[303] PAINE L S. The China rules [J]. Harvard Business Review, 2010, 88 (6): 103 – 108.

[304] POLANYIM. Personal knowledge, towards a post-critical philosophy [M]. London: Routledge & Kegan Paul, 1958.

[305] POWELL E E, BAKER T. In the beginning: Identity processes and organizing in multi-founder nascent ventures [J]. Academy of Management Journal, 2017, 60 (6): 2381 – 2414.

[306] QURESHI H A, ÜNLÜ Z. Beyond the paradigm conflicts: A four-step coding instrument for grounded theory [J]. International Journal of Qualitative Methods, 2020, 19: 1 – 10.

[307] RIEGER K L, CHERNOMAS W M, MCMILLAN D E, MORIN F L. Navigating creativity within arts-based pedagogy: Implications of a constructivist grounded theory study [J]. Nurse Education Today, 2020, 91: 104465.

[308] RIEGERK L. Discriminating among grounded theory approaches [J]. Nursing Inquiry, 2019, 26 (1): e12261.

[309] SANDBERG J, TSOUKAS H. Grasping the logic of practice: Theorizing through practical rationality [J]. Academy of Management Review, 2011, 36 (2): 338 – 360.

[310] SAUNDERS M, LEWIS P, THORNHILL A. Research methods for business students [M]. 5th ed. Harlow: Pearson Education Limited, 2009.

[311] SCHÖN, D A. The reflective practitioner: How professionals think in action [M]. New York: Basic Books, 1983.

[312] SCOTT W R, DAVIS G F. Organizations and organizing: Rational, natural and open systems perspectives [M]. New York: Routledge, 2017.

[313] SELIGMAN S D. Chinese business etiquette: A guide to protocol, manners, and culture in the People's Republic of China [M]. New York: Warner Books 1999.

[314] SHARMA G, BANSAL P. Cocreating rigorous and relevant knowledge [J]. Academy of Management Journal, 2020, 63 (2):

386 – 410.

[315] SMITH A. An inquiry into the nature and causes of the wealth of nations [M]. London: J. M. Dent & Sons Ltd. , 1927.

[316] SOOC, DEVINNEY T, MIDGLEY D, DEERING A. Knowledge management: Philosophy, processes, pitfalls and performance [J]. California Management Review, 2002, 44 (4): 129 – 150.

[317] STRAUSS A L, CORBIN J M. Basics of qualitative research: Grounded theory procedures and techniques [M]. Newbury Park, Calif. : Sage Publications, 1990.

[318] SUCHMAN M C. Managing legitimacy: Strategic and institutional approaches [J]. Academy of Management Review, 1995, 20 (3): 571 – 610.

[319] SUDDABY R. Editor's comments: Why theory? [J]. Academy of Management Review, 2014, 39 (4): 407 – 411.

[320] SUDDABYR. From the editors: What grounded theory is not [J]. Academy of Management Journal, 2006, 49 (4): 633 – 642.

[321] SULL D N, WANG Y. Made in China: What western managers can learn from trailblazing Chinese entrepreneurs [M]. Boston, MA: Harvard Business School Press, 2005.

[322] TAN J. Innovation and risk-taking in a transitional economy: A comparative study of Chinese managers and entrepreneurs [J]. Journal of Business Venturing, 2001, 16 (4): 359 – 376.

[323] THOMPSON E, BRETT J, BURNS E. What if something goes wrong? A grounded theory study of parents' decision-making processes around mode of breech birth at term gestation [J]. Midwifery, 2019, 78: 114 – 122.

[324] TSUI A S. Contextualizing research in a modernizing China [M] //HUANG X, BOND M. Handbook of Chinese organizational behavior: Intergrating research, theory and practice. Cheltenham: Edward Edgar Publishing Limited, 2012: 29 – 47.

［325］WELCH J，BYRNE J A. Jack：Straight from the gut ［M］. New York：Warner Books，2001.

［326］WELCH J，WELCH S. Winning ［M］. London：Harper Collins，2005.

［327］WERKANDER HARSTÄDE C，SANDGREN A. Constructing stability—A classic grounded theory of next-of-kin in palliative cancer care ［J］. BMC Palliative Care，2020，19（7）：312 – 324.

［328］WHITEHEADA N. Modes of thought ［M］. Cambridge：the University Press，1956.

［329］WILLIAMSON A M. The Chinese business puzzle ［M］. Oxford：How To Books，2003.

［330］WILLIAMSONP J，RAMAN A P. How China reset its global acquistiton agenda ［J］. Harvard Business Review，2011，89（4）：109 – 114.

［331］WILSON T. Interview with the entrepreneur—Florian Seitner ［J］. IEEE Consumer Electronics Magazine，2020，9（6）：103 – 104.

［332］WILSON T. Interview with theentrepreneur—Anna Iarotska ［J］. IEEE Consumer Electronics Magazine，2021，10（1）：64 – 65.

［333］WONG J W C，KONG S H. What does the "inner world" of Chinese managers tell us about their management values，thoughts and practices? An ethnographic study ［J］. Asia Pacific Business Review，2017，23（5）：625 – 640.

［334］YANG B. Toward a holistic theory of knowledge and adult learning ［J］. Human Resource Development Review，2003，2（2）：106 – 129.

［335］YANG J Y，LI J. The development of entrepreneurship in China ［J］. Asia Pacific Journal of Management，2008，25（2）：335 – 359.

［336］YU J，ZHOU J X，WANG Y，XI Y. Rural entrepreneurship in an emerging economy：Reading institutional perspectives from entrepre-

neur stories [J]. Journal of Small Business Management, 2013, 51 (2):
183 – 195.

[337] ZHANG H, AMANKWAH-AMOAH J, BEAVERSTOCK J. Toward a construct of dynamic capabilities malfunction: Insights from failed Chinese entrepreneurs [J]. Journal of Business Research, 2019, 98: 415 – 429.

[338] ZHANG Y. Haier is a sea (Zhang Ruimin's letter in 1994) [J]. Management and Organization Review, 2016, 12 (4): 811 – 814.

[339] ZHAO Y L, PARRY M E. Mental models and successful first-mover entry decisions: Empirical evidence from Chinese entrepreneurs [J]. Journal of Product Innovation Management, 2012, 29 (4): 590 – 607.